Educando para a vida no pós-pandemia

SUELI CONTE

EDUCANDO PARA A VIDA NO PÓS-PANDEMIA

ns

São Paulo, 2020

Educando para a vida no pós-pandemia
copyright © 2020 by Sueli Conte
copyright © 2020 by Novo Século Editora Ltda.

EDITOR: Luiz Vasconcelos
COORDENAÇÃO EDITORIAL: Nair Ferraz
PREPARAÇÃO: Marcia Men
REVISÃO: Daniela Georgeto
CAPA: Kelson Spalato Marques

texto de acordo com as normas do Novo Acordo Ortográfico da Língua Portuguesa (1990), em vigor desde 1º de janeiro de 2009.

Dados Internacionais de Catalogação na Publicação (CIP)
Angélica Ilacqua CRB-8/7057

Conte, Sueli Bravi
Educando para a vida no pós-pandemia / Sueli Bravi Conte. -- Barueri, SP: Novo Século Editora, 2020.

1. Pais e filhos 2. Parentalidade 3. Educação de crianças 4. Comunicação nas famílias I. Título

19-1759   CDD-649.1

Índice para catálogo sistemático:
1. Pais e filhos – Educação 649.1

Alameda Araguaia, 2190 – Bloco A – 11º andar – Conjunto 1111
CEP 06455-000 – Alphaville Industrial, Barueri – SP – Brasil
Tel.: (11) 3699-7107 | Fax: (11) 3699-7323
www.gruponovoseculo.com.br | atendimento@gruponovoseculo.com.br

Dedicatória

Dedico a todos que contribuíram com as páginas desta obra. Quando demos início ao ano de 2020, jamais imaginamos que teríamos pela frente um desafio tão grande. A todas as pessoas que, incansavelmente, estiveram na linha de frente no combate à Covid-19. A todos meus familiares e amigos, que, por meio virtual, não me deixaram sentir solidão. Não foram dias fáceis e, em alguns momentos, sentimos medo, mas tivemos tantas mãos estendidas por meio das telas que nos proporcionaram momentos de alegrias e sorrisos.

Gratidão é a palavra que define todos os meus sentimentos. Uma palavra que nos aproxima, porque estamos conseguindo passar por este período com saúde e, apesar dos desafios, estamos mais unidos, e, poque não dizer, mais humanos. Minha dedicação a este trabalho não seria possível sem o Criador, fonte inesgotável de fé, que me permite sonhar; aos poucos vão se transformando em realidade. Para não esquecer ninguém, eu dedico a todos vocês. Muita Luz e olhos abertos ao passearem pelas páginas desta obra.

Agradecimentos

Agradeço ao meu esposo, companheiro e amigo, que esteve de mãos dadas comigo neste isolamento social. Estamos juntos há quarenta e sete anos e em todo este tempo ficamos envolvidos com a educação dos filhos e nosso trabalho: O Colégio Renovação. Passávamos muito tempo pertos, mas na Pandemia Ficamos juntos em casa, encontrando a família apenas pela Tela do computador e nestes meses, nossa união foi provada a cada instante. Não foram momentos fáceis mas contei com o apoio dele para tudo, das tarefas mais simples a decisões mais complexas. Ele sempre se mostrou companheiro, porém, como o Isolamento está união se fortaleceu ainda mais e cada vez que fecho os olhos e lembro destes momentos eu vejo o quanto ele faz a diferença na minha vida. Nos isolamos juntos mas isto nos fortaleceu, foi mais fácil com ele ao meu lado. Até mesmo ficar longe do Colégio e dos nossos alunos. Foi com carinho, dedicação e a prova do nosso amor que vencemos este período sem doenças físicas e ou mentais. Não houve um momento sequer em que senti solidão ou falta de alguma coisa, ele estava sempre ali, quando eu necessitava e foi nos correspondendo até mesmo em silêncio e no olhar que agradecemos a Deus pela força que tivemos para superar tudo isto. Não poderia deixar de dizer: Obrigada ao homem que completa a minha vida e espalha a alegria apenas com sua presença. Agradeço a você, Ezio Conte, meu grande e eterno amor!

Sumário

Prefácio **11**
Introdução **15**

Parte 1 Família **23**
Capítulo 1 Casos e acasos ou descuido familiar?............... 25
Capítulo 2 Crescendo em casa ou dentro da escola........... 31
Capítulo 3 Antes e depois da pandemia 35
Capítulo 4 Quando decidimos ser pais............................... 40
Capítulo 5 A criança é hiperativa ou está lhe faltando limites?.. 47
Capítulo 6 Cuidar, educar e criar 52
Capítulo 7 Crianças mimadas e pequenos tiranos............. 58
Capítulo 8 Como lidar com o luto...................................... 62

Parte 2 Escola **67**
Capítulo 1 Como a escola se redescobriu durante a pandemia 69
Capítulo 2 A responsabilidade da escola durante o isolamento social 73
Capítulo 3 Influências externas 78
Capítulo 4 Psicologia e a escola.. 80
Capítulo 5 Como as aulas remotas transformaram a educação 84
Capítulo 6 Escola pós-pandemia 88
Capítulo 7 Ser professor durante e após a pandemia 91

Parte 3 Como viver bem a vida durante e após a pandemia **93**
Capítulo 1 A educação como integração aos núcleos sociais.. 95
Capítulo 2 Bem-vindos a um mundo de inovações 98
Capítulo 3 As crianças e a tecnologia................................ 103

Capítulo 4 Integração da tecnologia à educação.................107
Capítulo 5 Como as redes sociais mudaram o nosso comportamento 111
Capítulo 6 As escolas e a internet 114

Parte 4 Cuidando de si, cuidando do mundo: Como viver melhor..**119**
Capítulo 1 Aprofunde seus pensamentos 121
Capítulo 2 Como sua mente atua 123
Capítulo 3 Felicidade tem preço?... 125
Capítulo 4 Relacionamentos... 127
Capítulo 5 Mudanças... 129
Capítulo 6 Surpresas 131
Capítulo 7 Definitivamente indefinido................................ 133
Capítulo 8 Ser feliz sozinho 135
Capítulo 9 Como nos tornamos vulneráveis ao mundo? ...137
Capítulo 10 O amor: uma procura eterna 139
Capítulo 11 Nunca é tarde demais.. 141
Capítulo 12 Conflitos com filhos adolescentes 143
Capítulo 13 Amor e autoestima... 145
Capítulo 14 Gratidão... 147
Capítulo 15 Conflitos e aprendizado 149
Capítulo 16 Velhice x desprezo... 153
Capítulo 17 Depressão... 156
Capítulo 18 Filhos de pais homoafetivos 159
Capítulo 19 Pequenos grandes artistas............................... 162
Capítulo 20 A vida por um fio 165

Considerações finais..**171**

Depoimentos: O que você faria se soubesse da pandemia seis meses antes?.......................................**179**

Sobre a autora **221**

Prefácio

Neste delicado e desafiador momento que estamos vivendo, novos desenhos de projetos de vida se impuseram em nossas existências. Nossa forma de viver, conviver, trabalhar e nos relacionarmos tem sido revista dia a dia.

Para muito além do susto e da dor, Sueli Conte traz nesta obra importantes reflexões e caminhos para repensarmos e redesenharmos nossas formas de vida, com consciência e responsabilidade. Saímos da angústia pela fala e pelo ato. Não basta percebermos nossos incômodos, é preciso agir sobre eles, pois é isso que a vida nos convida hoje: a renovar.

Este é o verdadeiro espírito de nosso tempo, que foi acelerado pela pandemia, que vai passar, mas certamente deixará seus efeitos. Se iremos apenas ter sofrido, ou com ela crescido, trata-se em parte de uma decisão nossa. Ficou clara a necessidade de uma aliança entre as famílias e as escolas, tema muito bem tratado neste livro. Sem o apoio dos familiares a escola não consegue sozinha fazer sua missão, seja em tempos anteriores ao que temos vivido e mesmo quando esta tormenta passar. Estávamos todos tão ocupados, correndo tanto e sem tempo para nada que, com o *modus operandi* de muitas famílias, acabamos tendo de delegar a educação de nossos filhos à escola, padrão que, como vemos hoje em dia, não se sustenta mais. Para vencer a angústia diante do porvir, precisaremos conversar melhor, aprender a ouvir melhor as dores, as angústias e as necessidades uns dos outros. Carteirada, omissão, negligência, permissividade e autoritarismo são atitudes tóxicas que não poderão existir em forma alguma, muito menos num cenário pós-pandemia, se quisermos a formação de crianças e adolescentes sadios, felizes e seguros emocionalmente. Boa parte do que eles irão pensar, sentir e agir diante de seus próprios projetos de vida dependerá justamente do que eles observarem e viverem a partir das relações entre seus familiares e profissionais da escola.

Há muitos livros, cursos, treinamentos sobre como falar bem, como transmitir nossas ideias, como encantar e convencer. Mas a literatura e os recursos sobre o ouvir, o acolher, o compreender, sobre a formação de alianças assentadas na empatia, na solidariedade e na compaixão ainda são escassas. Ou vencemos todos, juntos, ou perdemos tudo o que importa.

Será preciso que todos abram mais seus olhos para os demais, percebam o outro como parte de si. Assim como aprendemos a nos protegermos do vírus e a nos cuidarmos como forma de cuidar dos que estão perto de nós, teremos que adotar a mesma postura nos relacionamentos entre os profissionais da escola e os pais e mães. Lavamos as mãos, mas temos nossos corações limpos uns para os outros? Tiramos os sapatos para entrar em casa, mas temos tirado nossa raiva da frente quando pedimos ajuda ao outro ou quando estamos nos sentindo impotentes?

Tanto quanto cuidar das infecções viróticas será imperioso tratar de não sermos pessoas tóxicas umas com as outras, pois convivemos tanto em casa, isolados, impotentes, ameaçados, que é fácil que transformemos nossas raivas e angústias em ataque a nós mesmos. Isso pode nos tornar individualmente incapazes inadequados, ou com os outros. Como é fácil atacar o outro quando algo em nossas vidas sai diferente do que esperávamos. Como é simples jogar a responsabilidade para o outro quando nós mesmos não fazemos nossa lição de casa. Nada disso funciona. É preciso aprender a falar sobre nossas dores, sobre nossas angústias em outro tom: mais cuidadoso, mais sereno, mais humano e humanizado. Mas, além de falar, é preciso agir.

Nunca ficou tão clara a necessidade de cuidados com nossa saúde mental – assunto bem explorado neste livro. Nunca, antes, foi tão premente a necessidade de nos reinventarmos com mais equilíbrio emocional e espírito de superação. Há momentos em que podemos nos dar ao luxo de pensarmos no que queremos da vida. Hoje em dia, é preciso, como diria Viktor Frankl, saber ouvir o que a vida espera de nós. Como Sueli bem nos aponta, ela nos convida a nos responsabilizarmos pela vida boa e feliz que queremos e podemos viver.

Viva à vida!

Leo Fraiman, psicoterapeuta, educador e autor de diversos livros, entre eles: *Meu filho chegou à adolescência, e agora?*, *A síndrome do imperador: pais empoderados educam melhor*, *Superação e equilíbrio emocional*

Introdução

Nesta obra, o foco será Educação; porém, não trataremos apenas da Educação Formal, mas também da educação que transforma a vida. Refletiremos sobre o episódio que marcou o ano de 2020: um período tenebroso de pandemia causado por um vírus que assustou o mundo. A Covid-19, surgida na China, espalhou-se pelos quatro continentes e chegou ao Brasil oficialmente após o carnaval de 2020. Tal fato nos motivou a apresentar, neste livro, as fases pelas quais tivemos de passar e nos adaptar.

A escola e as famílias tiveram de se reinventar no período de isolamento social, com aulas suspensas, mudando a forma como as pessoas enxergam o mundo. Nesta obra, cabe refletir sobre como as pessoas estão vivendo, como veem a si mesmas, como lidam com os conflitos diários, dado o momento que estamos passando, e o que elas pensaram em rever em suas vidas após serem privadas do convívio social, de estarem com a família, de se reunirem com os amigos.

Por atuarmos nos campos da psicologia e da pedagogia, nosso trabalho sempre foi fonte de estudos e reflexões; assim, conversando com as famílias, aprimoramos nosso olhar para as pessoas, suas individualidades, sonhos, ambições, problemas pessoais, profissionais e emocionais. Entender como as pessoas estão vivendo é nosso maior objetivo, pois nem sempre estamos correspondendo às nossas próprias expectativas de interação com o mundo e, assim, não temos como educar de forma tranquila e harmoniosa.

Em todos os anos trabalhando na área da Educação, já havia passado por muitas crises, mas nenhuma delas a ponto de suspender as aulas. Apesar de sempre nos preocuparmos em manter um trabalho voltado para a inovação tecnológica, sempre imaginei essa ferramenta aliada ao trabalho presencial desenvolvido na escola, mas jamais pude pensar que o ambiente virtual viria a ser a principal forma de chegar até os alunos e inseri-los no espaço educacional.

Os portões da escola se fecharam para as famílias, era hora de reinventar e conceber novos critérios para a Educação, repensar as plataformas on-line e incentivar os alunos ao acesso remoto. Foi no momento de crise que nos tornamos mais criativos e fortes para atravessar o momento, sem deixar de lado a pessoa humana, o acolhimento, o carinho e a educação, no que sempre acreditamos como forma de usufruir de um mundo melhor.

Como era o ambiente escolar – pais e alunos

Neste momento em que o País passa por uma crise política e de saúde pública, impactando muitas pessoas, nós nos concentramos nos alunos, porque eles perderam seu espaço educacional, as aulas presenciais, as brincadeiras e encontros com amigos na escola, o espaço de disputas, desentendimentos e aprendizagem, tendo que ficar mais tempo em casa. Também pensamos nos adolescentes, porque é nesta fase que eles demonstram o quanto se encontram vulneráveis a todas as situações vivenciadas fora da escola, trazendo para dentro desse ambiente suas inquietudes, os conflitos familiares, os desafios diante dos pais e da vida em geral, sua revolta ante várias situações (justificadas ou não); é nessa fase, conhecida como fase da contestação, que os alunos ficam amedrontados e, com medo, afrontam e enfrentam nossa equipe.

Os adolescentes passam para a escola o desafio de como ajudá-los a superar seus momentos de inquietação e novas descobertas, apresentando fatores que ultrapassam os limites da sala de aula e esbarram na vida familiar e na formação de grupos sociais que têm início na própria escola – muitas vezes, mas nem sempre. Mas, durante este ano de 2020, a escola não estaria mais presente da forma como eles estavam acostumados, então como poderiam expor toda sua indignação, seus conflitos, suas motivações, suas transformações causadas pelos hormônios, que mexem com a autoestima e influenciam no processo de inclusão nos grupos sociais?

Atuando com respaldo na psicologia, tentamos sempre fazer a diferença ao lidar com situações corriqueiras na sala de aula que acabam tumultuando o ambiente escolar. Entretanto, descobrimos ao longo dos anos que não estamos lidando apenas com crianças e adolescentes rebeldes e antagônicos, mas também com adultos. Sentimos o quanto é mais difícil lidar com estes últimos – crianças e adolescentes estão mais dispostos a ouvir e prestar atenção, até pela fase de desenvolvimento em que se encontram; mas, e os adultos? Será que também estão preparados para serem aprendizes? Percebemos que nem sempre, uma vez que a maioria deles ainda não entendeu que seus anos na escola terminam, mas a aprendizagem, não; esta é infinita e acompanhará o ser humano ao longo de toda a sua vida.

Quanto mais ouvimos histórias chocantes sobre como as pessoas estão vivendo, a pressão e o estresse a que se submetem enquanto tentam viver normalmente, e não apenas sobreviver aos dramas da vida, mais nos parece que a realidade parece uma ficção, considerando a diversidade das histórias reais contadas. Essa dinâmica de tentar sobreviver, e suas influências externas, como classe social ou cultural, dinheiro, formação ou qualificação profissional... Tudo isso mostra o quanto as pessoas se lançam em uma busca insana, pelos mais variados motivos, para tentar melhorar de vida. Isso as desestabiliza diante do mundo, e o que vemos são pessoas fragilizadas, gastando energia enquanto tentam desesperadamente saciar o vazio, o desânimo e até mesmo a falta de amor-próprio. Recebemos diariamente pais de todos os tipos na escola, apresentando os mais variados problemas, tanto concebíveis quanto inconcebíveis.

Cada vez mais temos certeza de que as pessoas se encontram despreparadas para a vida; ninguém imaginou que o século XXI chegaria com um bombardeio de informações e interatividade, alterando por completo nosso modo de viver e entender o mundo ao nosso redor. As famílias estão tentando viver com amor e gerenciando conflitos, diferenças de caráter, de personalidade, a presença cada vez maior da intolerância. É comum ouvirmos coisas como "antes só do que mal acompanhado" de pais e mães separados. No entanto, ao olhar um pouco mais a fundo, percebemos que poucos desejam realmente viver só. Nós queremos e sentimos a necessidade de compartilhar nossa vida com outra pessoa, até mesmo os problemas corriqueiros do dia a dia.

De onde nos encontramos não temos, infelizmente, o poder de mudar o mundo; todavia, podemos e devemos ajudar as pessoas que assim o desejam a transitar entre uma vida coletiva e participativa, mesmo que individualmente ela ainda tenha problemas para alcançar a felicidade, ou dar as costas ao coletivo e à sociedade, optar pela solidão e aceitar as consequências dessa escolha. Só precisamos ter consciência de que algumas escolhas são para a vida toda.

E, por mais incrível que pareça, tudo começa na Educação Infantil. Muitas famílias ainda pensam que nessa fase a escola é um local apenas de diversão, com brincadeiras livres; um espaço seguro onde deixar as crianças enquanto seus pais trabalham e se ocupam das tarefas impostas aos adultos. Talvez seja exatamente nisso que resida o engano: a Educação Infantil faz parte da Educação Formal e, assim, as crianças matriculadas necessitam de professores com formação adequada, preparados para atender às diversas fases de desenvolvimento cognitivo descritas por Vygotsky. São esses professores que auxiliarão na aprendizagem das crianças, ajudando-as a ingressar no Ensino Fundamental.

Não desejamos aqui tratar apenas do que consideramos ser a Educação Formal, uma vez que os próprios estudiosos da área nos remetem aos estágios de desenvolvimento para verificar a criação e representação de um sistema de comportamentos e ações.

Tudo começa na Educação Infantil

É na Educação Infantil que tem início o período de formação da educação e da personalidade da criança; é através das brincadeiras mais simples que interferimos na vida social, emocional e familiar dela, além de em sua aprendizagem cognitiva. Isso, porém, não quer dizer que as abordagens pedagógicas estejam desvinculadas da aprendizagem nessa faixa etária; pelo contrário, esse é o momento de despertar a criança para a maturação cognitiva, tão importante para os anos de Educação Formal.

> A educação que propomos é aquela em que a criança é produtora de seu conhecimento, não mero receptáculo. Ela é ativa em sua interação com o meio social e constrói e reconstrói o mundo, criando uma relação dialética.

Segundo estudos da área de pedagogia, um espaço amplo no qual as crianças possam se movimentar com liberdade contribui para aumentar a tonicidade muscular e postural dos alunos, beneficiando o aprendizado (e a saúde) de modo geral.

Com essas abordagens em mente, sentimos como é importante educar para que a criança possa agir e interagir em seu meio social com qualidade de vida, sustentada por valores culturais e uma base familiar sólida. Nesse sentido, reconhecemos a família como a maior sustentação para o trabalho feito dentro da escola, e por isso abordaremos mais adiante como se encontram atualmente as estruturas familiares e o modo como as pessoas estão lidando com a vida.

A educação que propomos é aquela em que a criança é produtora de seu conhecimento, não mero receptáculo. Ela é ativa em sua interação com o meio social e constrói e reconstrói o mundo, criando uma relação dialética.

É fundamental para a criança que haja um espaço repleto de objetos com os quais ela possa criar, imaginar, construir, inventar, sonhar e buscar sua própria história através das fantasias infantis. Cabe aos educadores apenas orientar e ensinar a aproveitar o que elas têm de melhor, contribuindo com seu conhecimento e descartando o que é trazido de ruim dentro dessa perspectiva entre o mundo e a história, respeitando a faixa etária e a formação sociocultural de cada criança. E é por isso que podemos ensinar no coletivo, mas não temos como educar no coletivo: cada criança, cada aluno, cada pessoa deve ser contemplada como um ser único e individual e suas diferenças devem ser respeitadas. A bagagem que cada um carrega consigo não pode ser comparada à de outros. Somos seres únicos e individuais que vivem, entretanto, em uma sociedade. Educar para a vida social não significa que seja necessário desrespeitar os valores e conhecimentos de cada um;

significa apenas ajudar a inserir(-se) e atuar como indivíduo e cidadão em um grupo, despertando para a vida social.

A Educação Formal

Aquilo que chamamos de Educação Formal nada mais é do que a educação que ocorre dentro dos limites da escola, onde professores ensinam e aprendem e alunos interagem com conhecimentos diversos, o chamado conteúdo programático, ao mesmo tempo que vivenciam diversas situações diárias e experiências de vida e de aprendizagem com o mundo exterior, tudo sob a orientação e o olhar cuidadoso dos educadores.

> Os processos pelos quais nos integramos são o conhecimento mais valorizado e precioso diante da constatação de que somos seres sociais e integralmente dependentes de interação social.

Na Educação Formal, os grupos, que englobam os processos de ensinar e aprender e são um fenômeno observado em qualquer sociedade, são uma forma de perpetuar a aprendizagem integral, o desenvolvimento cognitivo dos povos, a convivência social e passar às gerações seguintes modos culturais de ser, estar e agir necessários à convivência e ao ajustamento, tanto aos grupos sociais quanto à sociedade em geral.

A Educação Formal ocorre nos espaços fechados, focados na disciplinaridade e na formação do indivíduo como ser social e cidadão e não apenas formal, ou seja, aquele que conquista aprendizagem através da maturação cognitiva, sejam esses espaços em prédios públicos ou particulares. Talvez esteja aqui uma das maiores problemáticas da aprendizagem, pois não estamos falando apenas de prédios, mas de espaços de integração do indivíduo como ser social. Apesar do espaço fechado, ele deve ser preparado para viver em sociedade e conviver harmoniosamente como cidadão, e é dentro dos portões da escola e nos ambientes fechados do núcleo familiar que encontramos o maior foco de aprendizagem para a vida.

A liberdade, a autonomia, a forma de interagir com o mundo social, tudo isso torna o indivíduo um ser social, e não apenas formal; não somos máquinas e, portanto, não aprendemos apenas a deter o conhecimento. Os processos pelos quais nos integramos são o conhecimento mais valorizado e precioso diante da constatação de que somos seres sociais e integralmente dependentes de interação social. Não vivemos sozinhos, e é papel e dever da escola colaborar com a integração da criança no espaço social, fazendo com que ela seja uma cidadã do mundo no qual está inserida e esteja preparada para viver como cidadã global. Afinal de contas, o mundo de hoje é, cada vez mais, um espaço de interação global e não apenas local.

Parte 1
Família

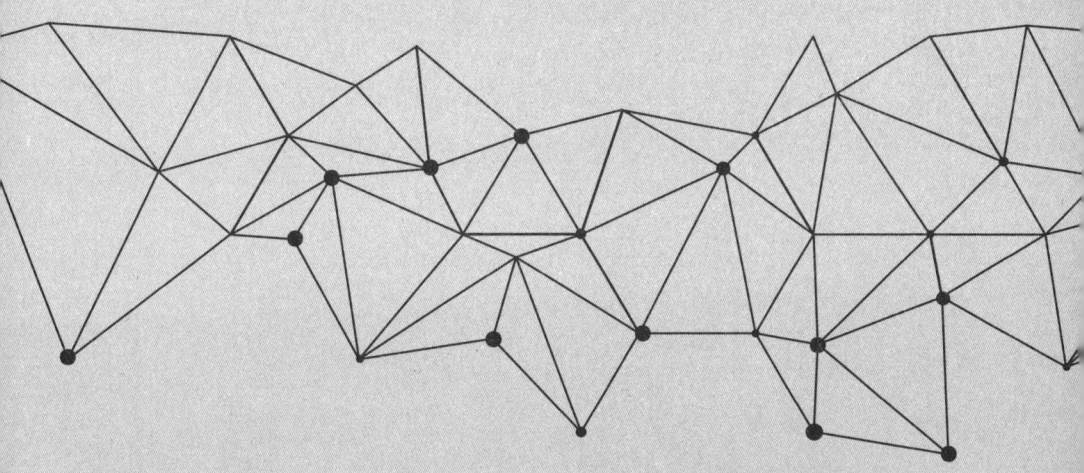

Capítulo 1

Casos e acasos ou descuido familiar?

Constituir e construir autonomia sem deixar de esclarecer quem é que toma as decisões.

No mundo todo, as famílias se mostram desorientadas quando o assunto é educação. Nunca na história os profissionais da área tiveram tanto trabalho para tentar trazer uma luz para os pais x filhos. As crianças e os jovens buscam cada vez mais uma válvula de escape de suas vidas através das telas do computador, nas redes sociais, onde fazem amigos, mostram seus sonhos e desejos, onde pensam que conquistarão suas asas para voar. É essa situação que faz com que nos deparemos com casos trágicos, e são muitos, onde adolescentes perdem a vida em episódios marcados pela falta de estrutura familiar e pela convivência com pessoas que, em sua visão, poderiam lhes trazer a fama e o sucesso, mas que apenas encurtaram sua história de forma perversa e cruel. Quantas vidas de jovens e adolescentes ainda se perderão até compreendermos o papel que desempenhamos na educação de nossos filhos? Qual o papel da escola e das famílias diante de tantas influências negativas na vida desses jovens?

Minha preocupação é com as questões socioculturais que envolvem nossas famílias. Muitas vezes, deparo-me com a resistência dos pais quando tento alertá-los de que seus filhos estão trilhando caminhos desaconselháveis e que buscar a maturação precocemente não é um benefício. Que isso pode trazer consequências funestas e marcar a vida deles. Já ouvi como resposta frases como: "ela(ele) é muito independente e já sabe o que faz", ou "eu deixo que eles escolham o próprio caminho e alerto que irão sofrer as consequências de qualquer escolha errada". Porém, se é para deixarmos os jovens à mercê de sua própria sorte, qual é o papel que desempenhamos? Devemos apenas assistir enquanto crianças e adolescentes escolhem com liberdade total sem nem ao menos tentar apontar uma alternativa melhor, que possa fazer uma diferença positiva em sua vida adulta?

Acompanho sempre as reportagens de casos envolvendo adolescentes e jovens e percebo como fica evidente a falta de estrutura familiar marcando os episódios que acabam virando notícia. São casos de mães que deixaram os companheiros por violência doméstica, outras que abandonaram os filhos com os maridos e vice-versa, pais que, após a separação, não procuraram mais os filhos. A família deve representar segurança para as crianças e os adolescentes, passando-lhes bons exemplos e tornando o espaço familiar um porto seguro onde eles sempre poderão se sentir acolhidos.

A pandemia, o isolamento social e as novas maneiras de educar

As primeiras informações sobre o novo coronavírus apareceram ainda no final de 2019, vindo da China, mas não poderíamos imaginar que, apenas três meses depois, o número de infectados no mundo chegaria a mais de 190 mil pessoas.

No Brasil, as primeiras ações ligadas à pandemia começaram em fevereiro, com a repatriação dos brasileiros que viviam em Wuhan, cidade chinesa epicentro da infecção. Em 15 dias, o País confirmou a primeira contaminação, quando a Europa já confirmava centenas de casos e encarava mortes decorrentes da Covid-19. Com a chegada da pandemia, o decreto do governo reconhecendo o estado de calamidade pública em março de 2020 e a adesão ao isolamento social como a única forma de contenção da propagação da doença, o Ministério da Saúde organizou uma equipe para auxiliar estados e municípios no enfrentamento dos efeitos catastróficos da doença; o Ministério da Educação, por sua vez, decretou a suspensão das aulas presenciais a partir do dia 23 de março. Era o início de mudanças drásticas para as famílias, as escolas e a economia do País. O desespero tomou conta de uma nação que não estava acostumada a parar por causa de um vírus. Episódio semelhante só ocorreu em 1917, com a gripe espanhola, que matou milhões de brasileiros que sequer acreditaram que o isolamento social seria uma saída para minimizar os efeitos da contaminação.

No entanto, desta vez, os infectologistas do mundo se reuniram para dar um recado aos países: sem uma vacina, ou um medicamento eficaz, o único modo de não gerar um número alto de mortes na população inteira seria a adesão ao isolamento social. Estava decretado que poderíamos perder uma batalha importante para um vírus.

A vida em uma aldeia global e as influências que esta exerce sobre os filhos, assim como a maneira como educamos, foram confrontadas no momento em que nos deparamos com outra realidade. Tudo caiu sobre nossas cabeças, deixando-nos com a sensação de que somos incapazes de manter o controle sobre tudo. Por isso a necessidade de se unir as forças, pautando todos os procedimentos em princípios sólidos e coerentes.

Acreditamos que a escola não seja mero depósito de crianças e adolescentes. Pelo contrário: ela deve ser um lugar franco e aberto onde se privilegiam as diversas relações humanas, onde são formadas personalidades e onde a equipe e os amigos auxiliam na formação do caráter. Contudo, temos a convicção de que não podemos agir sem a participação efetiva da família. Aos nossos olhos, ficam evidentes as profundas mudanças na estrutura familiar que ocorreram ao longo das últimas décadas (famílias com apenas um dos genitores, adotivas, no segundo ou terceiro casamento, com pais homoafetivos, entre outras). Essas mudanças foram alterando os papéis considerados "tradicionais" na família e chegaram à inversão de quem exerce o papel de autoridade dentro do grupo familiar: onde antes tínhamos o pai ou a mãe como autoridade, hoje em dia é comum ver os adultos se curvando aos caprichos dos filhos. Ainda assim, a família é o ponto de origem, a célula de segurança para as crianças, adolescentes e jovens. E sabemos que, quando nos vemos perdidos, a melhor atitude é retornar ao ponto inicial: a família. Entretanto, esta precisa estar estruturada e sólida para poder transmitir segurança e confiança.

Martin Luther King Jr. disse: "Não somos o que deveríamos ser. Não somos o que queríamos ser. Não somos o que pretendíamos ser. Mas, graças a Deus, não somos o que éramos".

Atos de amor, longe de serem uma expressão piegas, despertam a consciência das pessoas, incitando a participação e a solidariedade e ampliando a compreensão de si mesmo. Eles trazem uma visão humanística que não surge simplesmente com a acumulação de conhecimento ou a acumulação de bens materiais. Também não é na supervalorização da beleza e do aspecto físico das pessoas e objetos que essa consciência nascerá. Propositalmente ou não, são os pais, e não a escola, quem determinarão a filosofia de vida de seus filhos. Ao escolherem a escola segundo suas possibilidades econômicas, sua visão política e seu ideal de vida, esses pais precisam estar cientes de que a escola não é e não agirá como extensão da família.

Cada um tem o seu papel. Os pais precisam desempenhar o seu na educação dos filhos e jamais tentar repassar essa tarefa à escola de forma integral. Com a pandemia, obrigando muitas famílias a estabelecerem uma rotina de maior convívio, isso se tornou ainda mais evidente.

A maioria das decisões que tomaremos na vida será composta por problemas inéditos até então, ou seja, não haverá um manual para nos guiar e orientar em suas soluções. Estamos sozinhos neste mundo com nossos problemas pessoais, afetivos, educacionais e sociais; é assim que nossa juventude está pensando. Eles acreditam que estão sós e por isso se agarram a qualquer coisa que possa preencher o vazio no lugar onde deveria estar a presença consoladora e amiga da família.

Ensinar a pensar e educar com coerência não é nada fácil. A escola não é apenas um curso de lógica, ela também tem a missão de formar uma visão crítica do mundo. Mas os pais não devem pensar que temos fórmulas mágicas para resolver todas as questões da vida. Sair criticando o mundo de forma gratuita e leviana, contestando todas as teorias do passado, apenas forma uma geração de contestadores; levantar questões é bom, mas não devemos nos esquecer também de construir alternativas e sugerir soluções.

O fundamental é começarmos o quanto antes. Minha recomendação principal às famílias e aos jovens é que resgatem o amor entre si. Abandonem o mundo idealizado da ficção e voltem para a terra firme, onde atos e escolhas inevitavelmente geram consequências para todos nós. Que os jovens possam se concentrar em desenvolver duas das competências mais importantes para o mundo moderno: aprender a pensar de forma coerente e a tomar decisões prevendo suas consequências.

Que a volta do núcleo familiar seja bem-vinda e aceita por toda a sociedade, que vem pagando um preço muito alto pelos próprios erros. Que possamos reconhecer a possibilidade de viver em paz e ainda assim conquistar nossos sonhos. Não podemos nem devemos impedir nossos jovens de sonhar; precisamos, porém, garantir que esses sonhos sejam construídos sobre uma base sólida, caminhos seguros e um futuro saudável. Que a paz seja recebida de braços abertos, como um resgate para nossas famílias perdidas entre a educação possível, a liberdade desejável e as imagens distorcidas em seus próprios espelhos!

Repensar como as famílias podem resgatar o convívio familiar é a grande questão. Há muito tempo, desde que os novos modelos de família se formaram, com pais e mães trabalhando fora para garantir o sustento da casa, os filhos foram terceirizados. As crianças passam mais tempo na escola, fazem cursos extracurriculares e o encontro só ocorre no final do dia, muitas vezes à mesa para o jantar. Isso causou um distanciamento entre pais e filhos. O resgate ao convívio familiar só será possível através de uma aproximação, pelo amor, acolhimento e carinho que ambos deverão transferir um ao outro. Os pais devem mostrar aos filhos que não importa quanto tempo ficam juntos, mas fazer valer esse tempo, acompanhar a vida escolar, o período que as crianças e os adolescentes ficam nas redes sociais, com quem eles se comunicam e de que forma. Saber ouvir os filhos, deixá-los cientes da situação que vivem, dos desafios, das dificuldades e compartilhar alegrias e emoções.

Capítulo 2

Crescendo em casa ou dentro da escola

A casa é um espaço de integração familiar e educacional. É em casa que a criança aprenderá os primeiros conceitos de educação, formará seu caráter, seus valores e aprenderá sobre respeito.

Com a pandemia e o isolamento social, surge uma nova família, os pais foram trabalhar em home office e as crianças passaram a ficar sob seus cuidados em tempo integral. Foi necessário desenvolver novas maneiras para assegurar que esse tempo juntos não seja de conflitos, mas de aprendizagem. As aulas presenciais foram substituídas por aulas remotas, encontros on-line, onde as famílias tomaram o papel da escola e foram orientadas para auxiliar os filhos durante o ensino a distância.

A jornada acadêmica é um caminho a ser percorrido por um longo período na vida de cada aluno. Nessa jornada, o papel dos pais é o de estimular os filhos a seguirem regras, as famílias devem determinar horários, mesmo que as crianças discordem; é um momento de aprendizagem para o futuro, para aprender a viver em sociedade.

Caso surja algum descontentamento com as regras existentes ou com a equipe escolar, o ideal é que a família estreite seus laços com a escola, buscando o diálogo. O ingresso da criança numa instituição de ensino é uma nova etapa em sua vida e, se os pais insistem em interferir nessa etapa, atrapalhando no processo de desenvolvimento e de independência do filho, que está aprendendo a encarar o mundo por conta própria, certamente acarretará em perdas para todos os envolvidos.

Por outro lado, a necessidade de um acompanhamento do desenvolvimento dos educandos trouxe consigo uma aproximação entre família e escola. Juntas, elas estão descobrindo novas formas de ensinar e aprender. Todavia, é preciso que os pais saibam reconhecer quais competências pertencem à esfera da escola: os professores têm a técnica, a pedagogia e a didática, e essas competências devem ser respeitadas. É com essa separação que estabelecemos também a fronteira entre o que é de responsabilidade dos pais e o que cabe à escola.

Em algumas décadas, passamos de instituições tradicionalmente isoladas em si mesmas de uma forma quase autista para o outro extremo, a liberdade desmedida, culminando com os pais fazendo imposições em matérias para as quais, na maioria das vezes, não se encontram científica ou pedagogicamente preparados para fazê-lo.

Tomemos como exemplo uma situação muito comum no ambiente escolar. Digamos que o aluno seja quem "manda" na sua casa – ele só come o que tem vontade, com a mãe fazendo aviãozinho com a colher e o pai fazendo graça. É com ele que fica o controle remoto da TV. Também é ele quem escolhe na hora de fazer as compras no supermercado. Ele grita e bate o pé, responde e esbraveja. Na escola, obviamente, esse comportamento terá que mudar. Até porque o que lhe foi ensinado é que ele não tem deveres, apenas direitos... Assim, quando essa criança chega à escola, o "pequeno ditador" trata os professores e colegas com o mesmo desrespeito e insolência com que lida com os pais.

Quem cai nessa armadilha, desrespeitando regras e sofrendo censuras por isso, costuma responder com arrogância, ameaça e alegações de inocência: "Mas eu não fiz nada!", "Você só pega no *meu* pé!", "Mas o que foi que eu fiz?", "Eu vou contar pro meu pai, você vai ver!". Se esse tipo de aluno é reprimido por algum comportamento inadequado, ele não tem ferramentas para lidar com a frustração de não ser prontamente atendido em suas necessidades, como os pais fazem, e reclama em casa sobre a escola e a equipe e a "injustiça" de sua situação. Os pais, então, naturalmente se sentindo culpados pela distância que o cotidiano impõe, levam a queixa à direção da escola, em uma atitude superprotetora e cheios de desconhecimento sobre a realidade em sala de aula. Como já chegam preparados para a briga, está declarada a guerra. E tudo por conta de uma criança que, muitas vezes, os está manipulando.

Também vemos a outra ponta do espectro, com pais exigentes demais. São os pais e mães de alunos comportados e estudiosos que exageram nas proibições: a criança não pode chupar bala, mascar chiclete, aprender determinadas músicas, dançar, representar, não pode comparecer a festas tradicionais, como Páscoa, Dia das Bruxas, Natal... É como se o mundo da criança se resumisse a uma redoma e ela não precisasse socializar com outras crianças/alunos. Esses pequenos também sofrem muito, já que não aprendem a conviver em sociedade e a negociar suas diferenças.

A casa virou escola

A escola é, antes de tudo, um ambiente social. É ali que as pessoas aprendem desde cedo a compartilhar experiências, escolher, experimentar, saber criticar e, ao mesmo tempo, respeitar. Ela deve ser um espaço de trocas, de afetividade e amizade. A escola é um ensaio para a vida: é onde se reconhecem as diferenças entre pares e onde se testa o certo e o errado através de observação e interação.

Porém, são momentos de mudanças, em que os pais devem criar uma rotina em casa, não deixar os filhos de pijama. Acordar e prepará-los para as aulas como se fossem sair para a escola. Criar um espaço na casa onde ele possa acessar a rede social e ter contato com os professores, executar suas tarefas, ficar inteirado com os acontecimentos diários, sem que isso se torne desestimulante. Quer aceitemos isso ou não, a vida mudou por um período e não podemos terceirizar mais nossas funções, nem os pais e sequer a escola, que tem a responsabilidade de garantir que as aulas continuem ocorrendo de modo a assegurar a aprendizagem através das telas. Sempre trabalhamos com a plataforma digital como um aliado nas aulas presenciais, mas não tínhamos como prever que essa plataforma iria se transformar na própria escola, sendo essencial para que tudo pareça normal. Na escola, os alunos são orientados por uma equipe preparada para ensinar; em casa, serão os pais que farão esse papel de educadores, auxiliando os encontros e incentivando os filhos, sem deixá-los por conta própria. Se os pais confiam no trabalho da equipe, devem também confiar que seus filhos estarão cercados de cuidados e segurança para poder testar e aprender. Pensemos de novo no ambiente de ensaio para a vida: como adultos, eles se verão lançados em uma selva onde terão que decidir por si mesmos que caminho seguir, se querem ser heróis ou vilões. Lembrem-se disso e permitam que seus filhos voem sozinhos!

Capítulo 3

Antes e depois da pandemia

O que é ser um bom pai ou uma boa mãe?

Jamais pretendemos julgar se um pai ou mãe são bons ou não, até porque não temos como medir os esforços de uma educação. As normas de comportamento, vindouras dos séculos XX e XXI, deixaram as famílias mais ocupadas para a educação dos filhos e, por isso, gerou uma terceirização do ato de educar – como já citamos anteriormente –, com a Escola e as atividades extracurriculares, que incluíam de esportes a cursos de idiomas, entre tantas outras atividades que deixariam as crianças ocupadas enquanto os pais trabalhavam. Porém, de repente, ocorre uma mudança nos padrões de trabalho que iria mexer totalmente com a rotina de todos. Pais e filhos começam a trabalhar em home office e os filhos, em decorrência da suspensão das aulas, passam a ficar em casa. E agora? Como atuar diante dessa realidade tão inusitada e jamais vivenciada por estas gerações? Foi o momento de improvisar, de mostrar como é ser um bom pai e uma boa mãe, convivendo com os filhos 24 horas, diariamente, sem período de descanso, situação em que os contatos sociais se transformaram em contatos on-line, e perdemos a referência do contato físico. Em um primeiro momento, grande parte das famílias entrou em pânico, sem a escola, sua maior referência de educação, mas aos poucos, quando perceberam que duraria mais do que o previsto, passaram a se adaptar a uma rotina, criando até mesmo meios de uma convivência familiar mais harmoniosa com os filhos, ou com o "comparsa" do filho – aquele que permite à criança fazer tudo o que ela quiser, dando tudo o que ela pede e cedendo a cada capricho.

Um bom pai ou mãe de família tem que aprender a lidar com divergências e conflitos sem berrar, gritar ou se desesperar. Precisa saber a hora certa de dizer sim e de dizer não, de conter os impulsos naturais das crianças e impor os limites necessários para que elas cheguem à adolescência com uma noção firme de certo e errado, ao mesmo tempo em que deixa sementes para que essa nova geração nutra a sensação de que sua família estará sempre aberta e presente em sua vida. Amigos e confidentes, sim, mas, acima de tudo, o núcleo onde esse filho sempre poderá buscar orientações sobre o caminho a seguir em sua vida, ainda em formação.

Como ser uma boa mãe

Alguns psicanalistas se baseiam na teoria de que a boa mãe é aquela que vai se tornando desnecessária com o passar do tempo. Isso seria uma forma de ajudar os adolescentes a desenvolverem sua autonomia, sua independência e sua capacidade de tomar decisões sozinhos. Entretanto, será que existe uma hora predeterminada para reprimir o instinto materno, a vontade de colocar a cria debaixo da asa e protegê-la de todos os erros, tristezas e perigos do mundo lá fora? Essa é uma batalha dura para os dois lados: filhos e mães. Devemos ter em mente que filhos são para sempre; mesmo depois de formarem suas próprias famílias, eles devem sentir que podem sempre contar com o carinho do colo de mãe, seja nos momentos alegres ou tristes. É por isso que eu contesto essa teoria e incentivo as mães a jamais se tornarem desnecessárias: sempre haverá algo mais a fazer pelos filhos, desde a infância até a idade adulta. Você não terá como julgar se fez um bom trabalho com a educação deles, uma vez que o seu esforço vai se bater contra os muros que a vida impõe. Entretanto, quando seu filho chegar a uma fase mais madura e segura de si, é ele quem vai decidir isso... e você não terá como interferir.

Esse processo permanente de libertação e reaproximação é o ciclo do amor, que não para de se transformar ao longo da vida. E é esse mesmo ciclo que seus filhos eventualmente reencenarão quando constituírem sua própria família e recomeçarem o processo.

O maior desafio é encontrar o equilíbrio entre a necessidade de criar os filhos para serem indivíduos livres, independentes e, ao mesmo tempo, responsáveis e conscientes. Ensinar que a liberdade não é simplesmente a ausência de qualquer restrição, em que o filho pode fazer o que deseja, na hora que quiser e com quem lhe aprouver, e sim a capacidade de fazer as próprias escolhas em relação aos compromissos que a vida nos impõe, tendo a consciência de que cada escolha gera suas próprias consequências. Liberdade é escolher com quais consequências o indivíduo está disposto a conviver.

É preciso cuidado, porém, para não deixar que o amor materno incondicional provoque dependência nos filhos, como se fosse uma droga, a ponto de eles não conseguirem ser autônomos, confiantes e independentes. Maduros, eles devem estar prontos para traçar seu próprio rumo, fazer suas escolhas, superar suas frustrações e cometer também seus próprios erros. A cada fase da vida, vamos destruindo e reconstruindo nossa relação com nossas mães. E, nesse processo, perdemos algo e ganhamos algo, tanto mães quanto filhos.

Esse processo permanente de libertação e reaproximação é o ciclo do amor, que não para de se transformar ao longo da vida. E é esse mesmo ciclo que seus filhos eventualmente reconhecerão quando constituírem sua própria família e recomeçarem o processo.

Os filhos precisam da certeza indelével de que a mãe estará sempre ali, concordando ou discordando, no sucesso ou no fracasso, com o peito aberto para recebê-los e ouvi-los, disposta a oferecer conforto nas horas difíceis e a comemorar nas horas de alegria. Quando atinge o status de "desnecessária" para a evolução do filho, a mãe terá se transformado em porto seguro, o ponto para onde o filho volta para descansar das tribulações de sua própria vida e de sua própria família.

O bom pai

Este é um papel que vem sendo questionado há algum tempo. Qual a função dos pais na educação dos filhos, afinal? E a resposta é complexa e simples ao mesmo tempo: basicamente, as mesmas das mães, com ressalvas.

A figura masculina é fundamental para os filhos. Ainda pequenos, eles enxergam o pai como autoridade; isso pode ser usado pelo pai para ensinar aos pequenos o respeito às normas e a imposição de limites, sem tirar a autoridade da mãe. O pai também deve estar disponível para brincar, dar amor, atenção e cuidado aos filhos. Os pequenos seguem os exemplos que veem em casa; assim, se você deseja que seu filho cresça saudável, é através do seu comportamento que você pode demonstrar o que é ser um bom homem, um bom cidadão, uma pessoa de caráter. Evite excessos, respeite sua companheira, jamais desmereça a figura feminina, não levante a voz em discussões, resguarde a criança de brigas familiares, estabeleça hábitos saudáveis, busque aprender sempre, inclusive com seu filho.

O papel que os pais desempenham atualmente é muito mais participativo do que era em outras gerações. Não basta apenas estar presente no sentido financeiro; é preciso acompanhar o desenvolvimento e o cotidiano dos filhos, ir até a escola, fazê-lo compreender que você está ali para servir como amparo e auxiliar na autonomia deles. Um bom pai está envolvido nas atividades e na vida dos filhos, aconselhando e orientando, ensinando e aprendendo. Acima de tudo, não se esqueça nunca de que são seus atos e não suas palavras que vão ajudar a construir o caráter dos pequenos. Não subestime jamais o poder de observação das crianças; por onde você andar, seus passos estão sob a vigilância atenta de seus filhos, que o imitarão na primeira oportunidade!

Capítulo 4

Quando decidimos ser pais

Filhos são uma bênção e uma missão eterna. Não desista no meio do caminho.

Quando nossos filhos nascem ou são recebidos na família, não ganhamos um manual de instruções junto (infelizmente). De uma coisa, porém, podemos ter certeza: essa tarefa será nosso dever para o resto de nossas vidas, em tempo integral.

Claro que praticamente todos os pais querem que seus filhos sejam brilhantes. Para isso, contudo, é necessário ir muito além de simplesmente cuidar deles. Cumprir deveres simples, como alimentá-los, vesti-los, abrigá-los e escolher as melhores escolas para eles, não vai garantir automaticamente que eles recebam a educação com que sonhamos. Não é só com base nisso que eles vão crescer com autonomia, liberdade de expressão, firmeza de caráter, sabendo fazer suas próprias escolhas na vida e se desenvolvendo como pessoas de bem.

É preciso mais. É preciso que os pais reconheçam a importância fundamental que exercem na vida dos filhos, principalmente através de seu próprio exemplo. A forma como corrigimos seus erros e elogiamos seus acertos será registrada de forma profunda. São os pais que escrevem, em conjunto com os filhos, os capítulos nessa história de vida. Essa construção é algo conjunto e é dever exclusivo dos pais interferir e auxiliar nos momentos em que os filhos se mostrem inseguros ou desconfortáveis com as situações cotidianas. São os pais que ensinarão o respeito aos limites e regras, o respeito à palavra dos mais velhos e dos próprios pares, o respeito aos ensinamentos que a escola deseja compartilhar com os alunos todos os dias.

É na relação entre pais e filhos que as crianças vão experimentar toda a gama de emoções e desejos e expressá-los em suas brincadeiras. É através dessas interações que elas manifestarão suas inseguranças, medos, contrariedades, impulsividade, alegria, sua vontade de testar os limites do aceitável. Elas transmitem seus desejos e ideias e compreendem a reação dos pais por meio do olhar, do tato, da pele, do afeto, da linguagem e dos gestos utilizados. Os pais, por sua vez, filtram o que estão captando pelo discernimento acumulado ao longo da vida e pelo próprio desejo que cada um tem de que seu filho possa ser melhor do que nós, adultos, somos: mais belo, mais brilhante, mais inteligente. É preciso encontrar um equilíbrio entre essa esperança e esse desejo e a realidade de nossas experiências, de modo a ter a certeza de que estamos educando nossos filhos para que eles possam viver o hoje de forma tranquila, ao mesmo tempo que se preparam para o futuro com segurança.

Quando falamos em pais, no plural, isso não é uma imposição para que o casal se mantenha unido mesmo que contra a sua vontade, pensando no benefício para as crianças. De forma alguma desejamos interferir nas relações familiares. Nosso desejo aqui é apenas o de orientar e auxiliar pais e mães nessa jornada. Cada um, pai e mãe, tem um papel fundamental na formação da criança, desde a mais tenra idade até a juventude. A conscientização do papel que cada um desempenhará na vida da criança e a união de ambos na busca de uma educação consciente e equilibrada para os filhos é o que farão a diferença entre criar filhos saudáveis ou não.

O clichê de que "quando nasce um bebê, nasce também uma mãe/um pai" é real, porque é exatamente o que acontece: é o próprio filho que ensina aos adultos como eles precisam ser tratados. É com a experiência que o pai e a mãe vão aprendendo, através da observação e da vivência, como suprir as necessidades e carências da criança, como se colocar sempre disponível para interferir e auxiliar no crescimento e no desenvolvimento da maturidade dessa criança. É com o envolvimento constante e a abertura permanente ao diálogo que o pai e a mãe evitam que os filhos se percam nos desvios e armadilhas que a vida inevitavelmente nos prepara. O genitor responsável, seja pai ou mãe, *jamais* dirá que o filho errou por seguir a atitude de uma má companhia; primeiro, porque a principal influência na vida do filho deve ser o exemplo vindo de casa; segundo, porque os pais da outra parte envolvida têm todo o direito de pensar e alegar a mesma coisa, ou seja, entra-se num ciclo vicioso de evitar a responsabilidade por seus próprios atos e, assim, nada se resolve. Um núcleo familiar responsável deve preparar o filho para que ele não apenas tenha conhecimento do conjunto de valores de seus pais, mas também para que ele os respeite e viva segundo esses valores. É essa formação que fará a diferença, inclusive na hora de escolher os amigos. Pais e mães devem se manter sempre atentos, abertos ao diálogo, orientando, acompanhando os passos de seus filhos, conduzindo-os ao longo da vida e evitando que a liberdade deles se transforme em distância e permissividade. Não existe um limite de idade para esse acompanhamento. Os filhos sempre precisarão de orientação, bom exemplo, tolerância, afeto e confiança. Sempre precisarão de pais que saibam educar pelo diálogo, que possam se sentar com os filhos para conversar ou conferir a lição, que acompanhem seu desenvolvimento na escola e saibam o momento de interferir e de respeitar a autonomia da escola na educação dos alunos.

Pais e mães devem ter a distância necessária para enxergar que seu filho pode ser maravilhoso, mas que, ao mesmo tempo, ninguém é santo. Deixe de lado frases absolutas como "Meu filho não mente!". Pode ser que não seja comum; entretanto, toda criança fantasia, principalmente para se proteger, e é do ser humano mentir uma vez ou outra. Fora isso, toda história tem mais de um lado; pode ser que simplesmente o que você esteja ouvindo seja o lado que mais beneficie seu pequeno. Um dos deveres dos pais é conhecer bem seus filhos: como ele está sendo educado, como ele reage quando é contrariado, como ele se comporta longe de vocês. É assim que nasce a aprendizagem. O ser humano aprende com suas interações com o outro; aprendemos uns com os outros, e isso começa com nossos pais. Nossos filhos devem ser preparados para vencer; porém, eles também precisam aprender a lidar com as derrotas para que não haja frustração, pois assim é a vida. Devemos incentivá-los a recomeçar, mostrar que, apesar de existirem pedras no caminho, os obstáculos não são insuperáveis. Essas pedras podem ser a base para castelos, não apenas pontos onde tropeçar e se machucar.

Sabemos que esta é uma era cheia de transições familiares. No entanto, não existem substitutos para os papéis de pai e mãe. Procurem não se omitir, mesmo com tantos empecilhos e compromissos cotidianos, diante do papel que cada um deve desempenhar na vida dos filhos. As crianças têm sonhos: ensinem a elas como elas podem, com disciplina e responsabilidade, transformar esses sonhos em metas reais, em vez de frustrações desnecessárias. Ensinem a elas que sonhar e

> O ser humano aprende com suas interações com o outro; aprendemos uns com os outros, e isso começa com nossos pais.

conquistar são coisas distintas, mas não forçosamente desconectadas. Ensinem a elas que o sonhador jamais conquistará seus sonhos senão através de seu próprio esforço. Ensinem a elas a pensar e analisar suas conquistas e seus fracassos, a não se martirizar pelos erros e não se tornar arrogantes por seus sucessos. Eduquem-nas com criatividade, sendo um exemplo digno de ser seguido: elas seguirão seus passos, portanto, cuidado onde pisa e para onde seu caminho os levará.

Pensar em como realizaremos essa tarefa é um exercício diário, pois devemos olhar todos os dias para nossas ações e pensar na relação que elas terão com nossos filhos, em como a forma como agimos impactará em nosso relacionamento com eles, na confiança que devemos lhes transmitir. O relacionamento que estabelecemos com nossos filhos tem o poder de transformar ambos, pais e filhos; assim, devemos refletir constantemente sobre ele para compreender, como pais, as necessidades, angústias, insatisfações, esperanças e desejos de nossos filhos. Através dessa reflexão também entenderemos melhor que papel exercemos na vida deles e poderemos enxergar melhor como realmente somos em nossos papéis de pais.

Ser pai e mãe é aprender a olhar para as situações com humildade e desejo de aprender; é nos esforçarmos para fazer o melhor que podemos dentro da nossa realidade, sem exageros ou sacrifícios descabidos. É aprender a aceitar a realidade, por mais imperfeita que ela seja. Essa atitude nos permite uma maior compreensão das relações que construímos diariamente com nossos filhos. Desejamos o melhor para nossos filhos, é natural; todavia, o melhor para eles, pensando no longo prazo, pode não ser a opção mais confortável ou luxuosa agora; o melhor é que eles aprendam a enfrentar a vida e as contrariedades inevitáveis de maneira confiante e saudável, com uma visão clara e opiniões embasadas.

Mesmo sem manual, nosso próprio instinto e confiança na tarefa que desempenhamos nos levarão a sermos bem-sucedidos, desde que consigamos levar nossos filhos a aprender através do amor, do respeito, da gratidão e da compreensão consigo mesmo e com o outro. Para isso, não precisaremos de fórmula mágica: basta sermos pais em tempo integral, mesmo quando estamos fisicamente distantes dos filhos. Minha mensagem para os pais é esta: não transfiram essa responsabilidade para nenhuma outra pessoa, pois é somente através dessa ligação de amor construída desde a gestação que um filho pode ser educado no amor, na perseverança e no desejo de um cidadão equilibrado, integrado e vencedor. Se desde os primeiros anos a criança é educada com busca pelo diálogo, mediação, limite, cumplicidade, amizade, aceitação de novos pontos de vista e um acompanhamento atento à forma com que se comporta, essa criança estará encaminhada para desenvolver uma relação sadia com o mundo e as pessoas ao seu redor. É através das nossas escolhas que escreveremos uma história de sucesso para nós mesmos e para a nossa família.

É importante fortalecer essa criança desde cedo para que, ao enfrentar o mundo lá fora, ela saiba gerenciar seus conflitos e suas frustrações, reavaliando suas atitudes e sua postura, aprendendo a se colocar no lugar dos outros nas mais variadas situações. Para isso, nós mesmos devemos nos reavaliar a cada instante, dispostos a crescer e nos desenvolver emocionalmente, com um olhar sempre voltado para o crescimento e o desenvolvimento emocional de nossos filhos. Pessoas autônomas e autocríticas formam crianças dotadas dessas mesmas qualidades – lembre-se sempre, você educa através do exemplo. Vamos criar relações saudáveis em um espaço seguro, transmitindo, assim, autoconfiança aos nossos filhos.

Alguns pais começam essa jornada cheios de propósito e boas intenções, mas ao longo do caminho deixam de dar ouvidos aos filhos, de observá-los, de perceber suas características individuais, e acabam perdendo fases da vida da criança que não podem ser resgatadas posteriormente. Não permita que a falta de tempo ou o excesso de coisas clamando pela sua atenção desviem seu foco de onde ele deveria estar: na troca com seu filho, na sua relação com ele, no aprendizado mútuo entre vocês. Assim como as estações do ano mudam, seus filhos também nunca serão os mesmos que são agora; nunca terão a mesma alegria infantil, o mesmo brilho no olhar, os mesmos sonhos, os mesmos pensamentos. Não perca nada, nenhum momento, nenhuma emoção: elas jamais se repetirão nem em forma, nem em intensidade.

Não perca a grande oportunidade que você recebeu de ser pai ou mãe. Essa criança que você está educando é uma sequência de sua vida, seu espelho, seu futuro, seu filho e, ao mesmo tempo, um indivíduo que você deverá preparar para a autonomia e a independência. Parece complicado, mas a fórmula para isso existe no coração de cada um que resolveu aceitar essa missão: dar o melhor que você tem dentro de si para incentivar nessa criança o melhor dentro dela também. Existe algo mais importante na vida?

Que saibamos educar, transmitir sabedoria, segurança, amor e, acima de tudo, que possamos entender que essa tarefa não nos dará pausa nem tempo para descanso. Esse é um trabalho em tempo integral, consumindo todos os momentos de nosso dia!

Desejo que todos sejamos bons pais e mães, pois espero receber alunos preparados para a escola, sua primeira interação com a sociedade. Unidos, pais e escola, saberemos que a sementinha que chamamos de "filho", a sementinha que plantamos, regamos e cuidamos, vai render bons frutos: ele se tornará a árvore da felicidade, do amor e do pleno exercício da cidadania... A árvore do futuro – e é nela que seremos eternizados!

Capítulo 5

A criança é hiperativa ou está lhe faltando limites?

É dentro de casa que a criança aprenderá a respeitar os limites impostos. Algumas vezes, a família coloca o rótulo de "hiperativa" na criança sem que haja uma doença real.

De início, gostaria de partilhar aqui o relato verídico de uma criança de dois anos. Por motivos jurídicos, vamos chamá-la apenas de A. Essa criança não estuda nem estudou em nosso colégio; ela está sendo analisada por minha equipe em um estudo em andamento relacionado a crianças hiperativas e/ou com dificuldades em lidar com limites. A criança ainda não tem idade suficiente para entender o mundo. Sua família é de classe média baixa e os pais precisam trabalhar em tempo integral. A família conta ainda com uma irmã de dezesseis anos, uma avó de setenta e dois e duas tias. Todos têm passado dias muito difíceis com a pequena A., que, aos dois anos e quatro meses, já aprendeu a dominar a família inteira, e foi diagnosticada por especialistas como hiperativa, apesar de ainda não ter idade para que seja feito um diagnóstico confiável a respeito. Linda, de cabelos cacheados, olhos negros e brilhantes, a vida da família gira em torno dela: é ela quem dita a rotina de todos. Quando ela cisma, a mãe não sai de casa para trabalhar e a irmã não vai para a escola. Ela chora tanto que chega a perder o fôlego, dizendo que quer todos com ela. A. se recusa a ficar na escola de educação infantil por um período integral e faz até a avó parar o que estiver fazendo para que lhe faça bolo de chocolate. Segundo a família, se seus caprichos não forem satisfeitos a contento, ela chega a ter febre. Cito esses detalhes aqui para que os pais entendam como os filhos podem manipular uma casa, mesmo sem ter idade para ter consciência disso. O que nossa criança precisa é simplesmente compreender que seus momentos na escola são importantes e que a família não pode girar apenas em torno dela.

Muitos pais têm confundido a hiperatividade com a simples ausência de limites, por isso desejo esclarecer os principais pontos para identificar a hiperatividade, seus principais sintomas e características. O conceito de hiperatividade surgiu primeiramente como uma doença neurológica, sendo depois estudada mais a fundo e chegando-se à conclusão de que ela vem de causas diversas, tanto físicas quanto psicológicas. O que se pode afirmar com certeza é que, geralmente, ela vem acompanhada por distúrbios de aprendizagem para as crianças afetadas. O diagnóstico não é fácil e só pode ser feito por especialistas da área médica em conjunto com pedagogos e psicopedagogos.

A criança hiperativa apresenta todos os comportamentos comuns da infância, porém de forma exagerada. Em sua maioria, elas exibem um período curtíssimo de atenção, excesso de energia, inquietação, comportamento emocional impulsivo e irrefletido e combinações variadas dessas características. Entretanto, o termo "hiperativo" descreve um conjunto de qualidades inatas, ou seja, que nasceram com essas crianças – mas algumas das crianças afetadas podem apresentar sintomas de hiperatividade como resultado de ansiedade, frustração, depressão ou mesmo de uma situação inadequada em sua criação. Dessa forma, a integração e a interação dessa criança com todo o mundo em torno dela, casa, escola e comunidade, são afetadas.

A hiperatividade é uma perturbação psicomotora e um dos distúrbios mais frequentes em crianças com transtornos motores. Ela não é perceptível apenas no excesso de energia da criança ou em sua incapacidade de "parar quieta", mas também em seus movimentos em direção aos objetos e seu próprio corpo. As crianças hiperativas têm pouco controle motor, o que faz com que exibam movimentos bruscos e inadequados, expressão facial descontrolada, fala e respiração entrecortadas, oscilações de humor frequentes e instabilidade afetiva. Elas passam rapidamente de uma crise de raiva para demonstrações de carinho, por exemplo, ou do choro ao riso, e vice-versa.

A criança hiperativa apresenta um enorme desafio para pais e professores. Já foi sugerido que a hiperatividade pode ser o problema mais constante e comum na infância. Ele é persistente e crônico, já que não existe cura, mas a melhora pode ser considerável na maioria dos casos. Assim, os problemas apresentados pela criança hiperativa devem ser administrados no dia a dia durante a infância e a adolescência.

Isso não quer dizer que a criança afetada não possa ter suas qualidades positivas reconhecidas. Ela pode ter vivacidade, persistência, charme, criatividade, talentos intelectuais e artísticos, ser muito querida e ao mesmo tempo intercalar períodos de alto e baixo rendimento escolar, passando de ano às vezes sem problemas, às vezes com dificuldades. Seja como for, ao ficar claro que os sintomas de hiperatividade estão presentes e feito o diagnóstico correto, essa criança deve ter seu desenvolvimento acompanhado por especialistas e receber o tratamento correto, até para facilitar sua integração ao ambiente e à sociedade.

Os pais, contudo, não devem confundir hiperatividade com falta de limite. São os adultos que devem controlar a casa, não as crianças. Não se pode misturar amor, carinho e atenção com um excesso de mimos; a criança que ainda não tem maturidade para entender pode acabar achando que ela é o centro do universo e que todas as pessoas e situações estão ali para satisfazê-la. Se isso acontecer, ela vai acabar como nossa pequena A., usando todas as formas imagináveis para chamar a atenção da família. A pequena A., só para deixar bem claro, não tem distúrbio algum; ela apenas identificou um jeito de controlar a casa e ter seus desejos satisfeitos. Entretanto, ainda há tempo de corrigi-la para que não chegue à adolescência sem limites, desrespeitando normas sociais e afetando sua integração social, seu desenvolvimento cognitivo, motor e emocional na escola.

Como as famílias estão lidando com as crianças hiperativas durante a pandemia

Não creio que esteja sendo um período fácil para nenhuma família, porém, com crianças hiperativas em casa se torna ainda mais difícil o convívio familiar, principalmente se a casa for pequena – o que normalmente ocorre no Brasil –, já que a maior parte das famílias de classe média mora em apartamento, e as crianças só contam com as áreas de lazer dos condomínios para brincar. Nesse período, até isso foi proibido para evitar aglomeração de pessoas e evitar o contágio do coronavírus; por esse motivo, as famílias estão reinventando seu modo de vida durante a pandemia, mudando sua rotina e, para ocupar as crianças, elas têm recorrido a *Lives* sobre comportamento social e estão buscando meios de fazer atividades físicas (dança livre, esconde-esconde) que amenizam a ansiedade dos filhos, brincadeiras com jogos em família e até mesmo pelos celulares. No caso de crianças mais difíceis e com diagnósticos, o melhor mesmo é recorrer aos médicos e manter a medicação, pois crianças hiperativas em ambientes fechados podem até se machucar. Em momentos em que esse isolamento social causa desconforto até mesmo em adultos e, às vezes, é difícil explicar para as crianças que não podem sair de casa, as famílias terão que ser muito criativas e ter paciência, porque o momento é delicado e requer cautela para não perder o foco na educação das crianças.

Estimular a empatia com os filhos e entre todos os familiares poderá ser um caminho promissor para enfrentar esses desafios. E sabe aquele projeto que os pais sempre quiseram explorar com os filhos, mas nunca tiveram tempo? Não seria um bom momento para colocá-lo em prática? Atitudes como essa poderão gerar motivação a todos e contribuir para seguir em frente com mais harmonia e determinação.

Capítulo 6

Cuidar, educar e criar

Os pais precisam aprender a diferenciar entre simplesmente criar os filhos, dando-lhes de tudo, sem ensinar nada; cuidar dos filhos, atendendo apenas às suas necessidades infantis básicas, sem pensar no ônus que isso representará para a sociedade; e educar os filhos, acompanhando e orientando cada passo de sua evolução.

Apesar de as evoluções sociais terem sido benéficas para o nosso avanço, trouxeram também consigo uma série de desajustes comportamentais em virtude de uma aceleração que nos deixou desorientados; tão desnorteados que já não sabemos mais o que fazer com nossas crianças, com a educação, nem mesmo com a nossa vida! Essa perda de direção se manifesta principalmente no medo e na violência generalizados que experimentamos em nosso dia a dia. A agressividade nas interações se tornou tão presente que já quase nos acostumamos com ela. Essa violência tão onipresente tem como uma de suas principais fontes a desestrutura familiar como a conhecíamos.

Quando atendo aos pais, uma das coisas que mais escuto é que eles não sabem o que fazer com ele/ela, os filhos. Especialistas em pedagogia e psicologia reúnem-se em grandes mesas redondas e seminários e talvez acreditem que estejam preparando as pessoas para conter essa violência. Porém é o momento de nós, que trabalhamos e pesquisamos esta área, nos perguntarmos: a quem esses seminários e jornadas de estudos estão atingindo? Essa é uma questão de importância fundamental.

> Até quando nós, como sociedade, vamos continuar debatendo em busca de um culpado externo para nossas deficiências como educadores? Quando assumiremos nossa parcela de responsabilidade pela violência incubada neste novo século?

Em nossos estudos, às vezes nos deparamos com casos de crianças de nove, dez, doze anos que cometeram atos violentos e chocantes sem jamais demonstrar nenhum sinal de desequilíbrio social ou emocional anteriormente, nem sequer a desculpa de vir de uma família ausente ou distante. Isso nos assusta ainda mais, pois não é quase que universalmente aceito que a violência está ligada ao desequilíbrio familiar, social ou emocional? Será mesmo fato que as famílias não estejam cumprindo seu papel social ao se descuidarem da integração do filho à sociedade?

Todos nós já ouvimos aquela fileira de desculpas comuns: "meu filho está andando com más companhias", "ele é bonzinho, mas os amigos o levam para o mau caminho", "é tudo culpa das más influências". O que nós perguntamos é: será que a família dos amigos dele não diz a mesma coisa se referindo ao seu filho?

Até quando nós, como sociedade, vamos continuar debatendo em busca de um culpado externo para nossas deficiências como educadores? Quando assumiremos nossa parcela de responsabilidade pela violência incubada neste novo século?

Considere de verdade a questão: estamos educando através de nosso exemplo, mostrando a nossos filhos através de nossos comportamentos e atitudes como interagir com o mundo, ou estamos fazendo uso da velha frase "faça o que eu digo, mas não faça o que eu faço"? Se os adultos não transmitem tranquilidade e confiança a seus filhos e às crianças que encontram em seu caminho, como poderemos ensinar?

Jovens e adolescentes que ganham destaque por seu comportamento demasiado hostil geralmente têm um histórico de conduta agressiva que remonta à infância. No período pré-escolar, por exemplo, é comum que avós, pais e amigos da família julguem que essa conduta é um mero excesso de energia ou travessuras próprias da infância. Entretanto, está na hora de refletir sobre essa agressividade que começa na infância e que, mais do que birra ou teimosia, pode ser a ponta do iceberg de um comportamento mais intenso e talvez até impróprio. Somos responsáveis por tudo o que nossas crianças fazem, e isso deveria ser óbvio: somos nós os adultos dessa história, nós é que já somos maduros (ou deveríamos ser) para lidar com situações difíceis ou complicadas.

Cada vez mais presenciamos mães querendo ser as melhores amigas dos filhos, pais joviais e descolados, ambos apoiados em estereótipos de comportamentos que provavelmente não são os melhores para criar crianças saudáveis. Com duas gerações confusas, o resultado não poderia ser outro que não este que estamos vivendo: a violência gratuita e o descolamento da realidade. Se alguém for fazer uma palestra numa escola moderna e fizer referência ao poder de Deus e de sua infinita bondade com os homens, essa pessoa provavelmente receberá críticas e acusações, uma vez que, em escolas laicas, o assunto religião é proibido. No entanto, citações a gírias, a músicas que induzem à sexualização precoce e à imersão do indivíduo em uma cultura que ele ainda não possui todas as ferramentas para navegar são aplaudidas de pé.

Será que estamos realmente exercendo o papel de educadores na vida de nossos filhos?

Aqui recaímos no erro de ficar discutindo esses temas apenas entre nós, quando precisamos de uma mobilização muito mais ampla. Queremos que a sociedade toda saiba que não existe sofrimento individual: todo sofrimento é coletivo. Estamos sendo vítimas de nós mesmos, construindo e incentivando condutas agressivas entre nossas crianças, jovens e adolescentes. Nossas boas intenções se perdem em contradições, uma vez que não damos exemplos de nossos princípios através de nossas atitudes. E, em vez de reagirmos e entrarmos em ação, persistimos no erro quando nos mantemos a distância, apenas observando a vida de nossos filhos se desenrolar sem interferir de forma efetiva. Repassamos a responsabilidade pela condução da educação de nossos filhos e pelos exemplos que ele seguirá à mídia, à sociedade, ao mundo, às condições biológicas e cognitivas da criança – e depois reclamamos por nos sentirmos impotentes para intervir e mudar as coisas.

A influência da família sobre a criança se dá através do vínculo; a da mídia, através da propagação repetitiva de imagens e mensagens; a da sociedade, através do que é aceito, do que é expresso e do que é insinuado nas interações entre seus membros. A sociedade, ao mesmo tempo que influi no comportamento, também se exime de culpa, já que os responsáveis nominalmente por educarem as crianças são seus pais, por mais desajustados ou inadequados que estes possam ser. A televisão, os videogames, a escola e a situação socioeconômica podem ser fatores com peso na conduta agressiva. Embora os três sejam inegavelmente influentes, não atingem todas as pessoas por igual, nem submetem todos à mesma situação de risco. Cada caso é um caso, sendo necessário analisar a possibilidade de psicopatia, o modelo educacional seguido pelos pais (caso haja um), a relação entre esse indivíduo e os pais etc.

O que já sabemos é que, estatisticamente, a agressividade manifestada em idade pré-escolar costuma evoluir de maneira negativa. Ou seja: precisamos aceitar que a educação é o melhor caminho para estudar e esclarecer os limites entre as traquinagens da infância e os transtornos de conduta. Estudar e esclarecer o que é uma "personalidade forte" na criança, característica sempre relatada pelas famílias com certa pontinha de orgulho, e o que são condutas que demonstram a total desadaptação na infância e sugerem uma grande possibilidade de evolução para um quadro mais grave.

Quando educamos nossos filhos ensinando que liberdade é fazer tudo o que se tem vontade, não estamos realmente fazendo nossos papéis de educadores, e sim criando indivíduos com quem o mundo terá de lidar mais adiante. É assim que surge uma sociedade ambivalente: ninguém educa filhos egoístas e agressivos, mas as pessoas se revelam cada vez mais agressivas e egoístas. Um mistério!

> É comum ouvirmos o sentimento de "quero deixar um mundo melhor para os meus filhos". Está na hora de nos preocuparmos também com o contrário: temos que deixar filhos melhores para este mundo, mais equipados para lidar com a realidade de que a liberdade nunca é total, que toda escolha tem seu preço, que a responsabilidade pelo futuro é nossa, mas também deles.

É comum ouvirmos o sentimento de "quero deixar um mundo melhor para os meus filhos". Está na hora de nos preocuparmos também com o contrário: temos que deixar filhos melhores para este mundo, mais equipados para lidar com a realidade de que a liberdade nunca é total, que toda escolha tem seu preço, que a responsabilidade pelo futuro é nossa, mas também deles.

Precisamos urgentemente rever nossos conceitos. Ninguém ensina aquilo que não sabe e, analisando os dados sobre a violência infantojuvenil, podemos ter a certeza de que esses equívocos educacionais estão presentes não apenas no Brasil, mas espalhados pelo mundo. A falta de afetividade, de convívio com os filhos e a vida estressante é a busca eterna por uma vida melhor nos fazem de reféns, forçando nossos filhos a serem educados por outras pessoas. É assim que eles perdem nossos valores pessoais e culturais, e é assim que nos distanciamos de sua realidade.

Capítulo 7

Crianças mimadas e pequenos tiranos

A criança está se comportando tiranicamente ou de maneira mimada? Descubra se é ela quem domina a família e como resolver essa situação.

Muitos autores já falaram sobre os pequenos tiranos e vários títulos já foram publicados sobre este assunto, por isso vamos nos debruçar apenas rapidamente sobre esse apelido. Ele pode soar um tanto impiedoso por se tratar de crianças, mas é o que melhor descreve o comportamento observado: o pequeno tirano manda e desmanda em sua casa, fazendo os adultos em torno dele correrem para atender a seus menores caprichos.

Os pais tentam fazer o melhor que podem para educar seus filhos, dando a eles o que há de melhor; no entanto, aqui nos deparamos com o detalhe de que nem sempre essa atitude generosa é a abordagem mais aconselhável. Esses pais se veem diante de um impasse: por passarem muito tempo longe dos filhos, trabalhando e se empenhando para conseguir um padrão de vida melhor para si mesmos e para a prole, eles tentam compensar essa ausência (e a culpa que ela gera) com presentes e uma tentativa de conquistar a amizade e o amor da criança por meio do excesso de liberdade. Por acreditarem que não passam tempo suficiente com os filhos, em vez de gastar esse tempo educando-os e punindo-os por comportamentos repreensíveis, eles preferem fazer concessões e manter uma convivência pacífica.

Esses desencontros entre o amor parental e a educação dos filhos impedem que se estabeleça uma relação de equilíbrio e respeito entre ambos. Nem os filhos respeitam os pais, pois estes não impõem os devidos limites e regras, nem os pais respeitam os filhos, pois estão, no final, negando-lhes os instrumentos necessários para navegar sua vida com sucesso.

Segundo a psicóloga Alicia Banderas, especialista em psicologia educativa, os pais se impõem empecilhos para não exercer sua autoridade, em muitos casos por causa da dificuldade em conciliar trabalho e família. "Eles não veem os filhos o dia todo e, quando voltam para casa, fica muito difícil impor limites e acabam evitando isso, querendo assim compensar a ausência", descreve Banderas.

Os pais não precisam de uma "Super Nanny" mágica para lhes dizer que estão criando um pequeno tirano, uma criança que, mesmo sem idade suficiente, já comanda e controla a casa, a família e decide até mesmo os próprios limites. Já ouvi, entre sorrisos e até certo orgulho familiar, a seguinte fala: "Ele é pequenininho, mas já comanda a casa! Ele tem personalidade e só faz o que quer. Até as roupas é ele quem escolhe e só coloca a que escolheu. Só come o que quer". Ouvi isso calada e fiquei refletindo: será mesmo que isso é uma demonstração de personalidade forte, ou seria mais uma exibição de falta de limites? Como pode uma criança de apenas dois anos controlar a família toda e os pais ainda acharem que isso é algo positivo, sinal de personalidade forte? Naquele momento percebi que aquela era mais uma família perdida entre os desafios de educar, orientar e ceder às vontades do pequeno. Eles não tinham se dado conta de que, se aos dois anos ele agia daquela forma, faria o mesmo (ou pior) mais tarde, e aí talvez fosse tarde demais para tentar impor os limites que lhe faltaram desde a infância. Se quando pequenos é difícil dizer não, na adolescência, quando todos os desejos e hormônios estão em ebulição, será impossível.

As crianças apresentam logo cedo um comportamento mimado e tirano, mas não devemos responsabilizá-las, pois temos que entender que são frutos de um modo de educar. Nenhuma criança nasce com esses traços, elas são estigmatizadas assim, mas, se estão tentando impor suas vontades logo cedo, é porque encontraram na Educação um caminho fácil para que suas vontades e desejos sejam satisfeitos. Quando chegam na escola encontram regras, limites, horários e tendem a se opor. Isso independe da idade, mas estamos convivendo com crianças de faixas etárias diferentes com essas mesmas características. Desejam comandar sua vida, mas ainda não estão preparadas para isso, necessitam de muita orientação para que cheguem ao ponto ideal de comportamento social e possam conviver em harmonia com todos.

Devemos ter em mente que os filhos são extremamente sensíveis às atitudes familiares e conseguem enxergar claramente a vulnerabilidade dos pais, aproveitando-se disso para satisfazer as próprias vontades e se transformar nos personagens dominantes em seu lar (a tirania). É geralmente nos momentos de cansaço dos pais que as crianças se aproveitam, utilizando artifícios como o choro insistente, a manha, todo o possível para chamar a atenção para si quando a família está tentando conversar entre adultos. Para contê-los, os pais acabam cedendo e nem percebem o que estão fazendo: adestrando seus filhos a repetirem o comportamento inadequado para receber o que desejam, seja atenção, seja a satisfação dos caprichos. Assim, as crianças acabam comandando a casa e alguns pais ainda anunciam orgulhosamente: meu reizinho é quem manda!

É por causa dessa permissividade que problemas como a falta de respeito aos mais velhos e à hierarquia, a irresponsabilidade, o egoísmo, a agressividade, a ausência de autocontrole e a tendência a comportamentos manipuladores são cada vez mais comuns nas escolas e ambientes sociais. A criança que não aprende em casa a respeitar, obedecer e administrar a própria frustração sairá ao mundo esperando que este o acolha e mime como os pais fizeram até ali... ou seja, vai passar por um choque brutal quando tiver que enfrentar a realidade.

Os pais precisam compreender que, apesar de pequenos, seus filhos não são bobos. Com frequência são mais perspicazes do que os adultos que os educam, e encontram maneiras sutis de controlar a situação. Essa educação que fracassa em impor limites cria os pequenos tiranos de hoje e os jovens frustrados e agressivos de amanhã. Os ataques de fúria e violência que vemos tão amiúde são uma reação comum de indivíduos despreparados para lidar com uma sociedade que não se dobra ante seus desejos e caprichos. É necessário que as famílias estejam sempre atentas a essa possibilidade; é preciso se conter e não ceder a todas as vontades das crianças, educando-as sob regras, limites e valores para que elas aprendam a conviver em harmonia quando o mundo ao seu redor não for um mar de rosas.

Quando eles tiverem idade para tomar suas próprias decisões, seus filhos lhe agradecerão por isso.

Capítulo 8

Como lidar com o luto

Como explicar para as crianças o significado da morte? Como inserir o conceito de morte no vocabulário e na mente infantil, sem amedrontar?

O luto é uma situação obviamente delicada, tanto para adultos quanto para crianças. Quando a família perde um ente querido, seja de que maneira for, o sofrimento é grande. As crianças ainda passam por uma dificuldade a mais, que é a falta de entendimento sobre o que está acontecendo e por que aquela pessoa querida não está mais por perto. Cada família lida com isso de maneira diferente segundo seus princípios, mas uma coisa é certa: o mais correto é falar a verdade, deixando de fora detalhes desnecessários que só traumatizariam a criança.

Conversar com os pequenos sobre o papel que essa pessoa tinha na vida de cada um é um bom jeito de começar. Fale sobre as qualidades e as boas lembranças que essa pessoa deixa e que devem ser guardadas para sempre. Ao mesmo tempo, evite iludir a criança usando eufemismos ou subterfúgios. Não diga, por exemplo, que a pessoa falecida viajou – a criança vai entender como passeio e pode logicamente passar a se perguntar por que a pessoa não a levou junto. Essa não é a melhor saída, apesar de ser uma das mais usadas. Quando se diz isso, depois que se passa algum tempo a criança vai tornar a perguntar onde está a/o falecida/o. E aí vem a segunda desculpa mais usada: "ela/e foi morar com Deus (ou Papai do Céu)". O que leva a criança a outra linha de raciocínio que vai gerar muitas perguntas para os pais: onde Deus mora? Eu posso ir para lá visitar? Ela/e vem visitar a gente? Quanto à eficácia dessas perguntas, deixo que o leitor decida. De minha parte, acredito firmemente que as crianças devem crescer sabendo da verdade, por mais difícil que esta seja. O tema da morte é complicado até mesmo para nós que, perdidos em meio a tantas crenças, sabemos apenas que devemos aceitá-la como um fato inevitável da vida; para nos confortarmos, pensamos nela como uma passagem e gostamos de imaginar que o ente querido que se foi está bem, que descansou, e assim nos conformamos com nosso mal irremediável.

Caso a sua família passe por esse processo, o melhor é esclarecer para a criança o que é a morte e aproveitar a ocasião para frisar que todos nós temos apenas um certo tempo para viver e que, quando chega a hora de partir, a morte nos leva para um lugar desconhecido por nós. Mesmo assim, quem parte sempre nos amará e se lembrará de nós, assim como nós aqui também não esquecemos de quem se foi guardando a memória dessa pessoa em nossos corações, que é onde guardamos tudo o que amamos. Talvez essa não seja a explicação mais correta do ponto de vista fisiológico, mas é preciso ter em mente duas coisas: a primeira, que estamos falando com alguém que está se deparando com isso pela primeira vez e talvez não tenha ainda como lidar com todos os detalhes sórdidos da realidade; a segunda, que nenhum de nós sabe exatamente o que acontece conosco após a morte. A ciência nos explica apenas como acontece a falência do corpo físico e a religião, o que acontece no campo metafísico. E, nessa área, cada família tem suas próprias crenças e não cabe a nós pontificar qual formulação deve ser seguida por cada um. A única coisa que recomendamos a todos é: não mintam para as crianças. Expliquem a morte como um processo natural que *normalmente* acontece apenas aos adultos, *normalmente* vem com as doenças e a debilidade causadas pela idade. Uma explicação muito utilizada quando a morte ocorrida é a de uma criança (um irmãozinho, primo ou amigo) é a dos anjinhos: que Deus os chama de volta para ficar com Ele. Só deixe bem claro que esses anjos não vão voltar, para que a criança não nutra a expectativa de um reencontro que não ocorrerá.

Acredito que, independentemente se a família segue ou não uma religião, a criança não precisa sofrer demasiado com esse luto que ocorreu tão precocemente em sua vida. Até por ter, realisticamente, convivido pouco com a pessoa que se foi. O importante é que ela saiba que a pessoa não partiu porque quis, mas foi-se embora para nunca mais voltar.

Tenha essa conversa em um lugar tranquilo, sem interferências externas e sem pressa. Fale calmamente, mas você não precisa sufocar seus sentimentos: seja claro, mas use tato e delicadeza. Tente ao máximo evitar criar a expectativa de que talvez haja um reencontro, pois isso gera ansiedade e confusão na cabeça da criança.

Obviamente, esse não é um assunto nem um momento fácil para ninguém. Contudo, podemos aprender a conviver com a morte, uma vez que ela é inerente à condição humana. Devemos apenas nos orientar e fazer com que os pequeninos entendam o que está acontecendo, mas sem sofrer tanto quanto os adultos.

Como falar sobre as mortes por coronavírus em tempos de pandemia

Se já é difícil falar sobre o luto em períodos normais, imagine durante a pandemia, quando qualquer jornal ou noticiário não mostra outra coisa a não ser os números diários de mortos e infectados pelo coronavírus. A Covid-19 mudou radicalmente até mesmo os enterros, proibindo os velórios, as longas despedidas, que fazem parte da cultura brasileira. Nesse período, os corpos são enterrados em poucas horas e a presença de parentes é restrita, o caixão é lacrado e não é feita a última despedida. É um momento extremamente doloroso e que ficará marcado. Mas e as crianças, como explicar-lhes que um avô, pai, mãe, tio, um parente próximo partiu de maneira tão inesperada?

Mais uma vez, é o momento da conversa franca, as crianças devem saber que existe um vírus, que mata as pessoas mais idosas e/ou com problemas de saúde e que precisa ser controlado, é necessário explicar a elas que esse vírus entra em contato com as pessoas pelo ar e, por isso, estamos tomando tantos cuidados com a higiene da casa, das mãos e do uso de máscaras. Dizer a elas que por causa da contaminação a pessoa querida morreu, mas que não irão se esquecer dela e de como ela alegrava os dias, sempre ressaltando os melhores momentos para que elas tenham boas lembranças da pessoa falecida. Evitar deixar a TV ligada por muito tempo nos telejornais, para evitar o pânico nas crianças e até nos adolescentes. A educação tem as primícias da verdade e, por isso, sempre é melhor falar; no entanto, não é necessário explicitar grandes detalhes, mas contar como estamos vivendo e como está sendo o luto de tantas famílias. No caso de os pais virem a falecer, a situação é mais delicada e, portanto, um parente próximo da família, como avós ou tios, deve imediatamente assumir o controle da situação, acolhendo a criança com muito amor e carinho, deixando claro que não pode substituir o pai ou a mãe, mas pode cuidar dela e não deixar que ela se sinta desamparada.

Com os rituais religiosos restritos, as famílias tiveram de se adaptar e pensar em novos modos de se despedir do ente querido. Cada um tem seu jeito de expressar o luto, mas, tratando-se de crianças e adolescentes, além da conversa franca e de manter um espaço para que elas possam expressar suas emoções, há outros modos de amenizar a dor: propor um vídeo de memória, escrever cartas ou sobre o luto, marcar um horário com a família e os amigos para um momento de prece. O importante é sentir-se amparado.

Parte 2
Escola

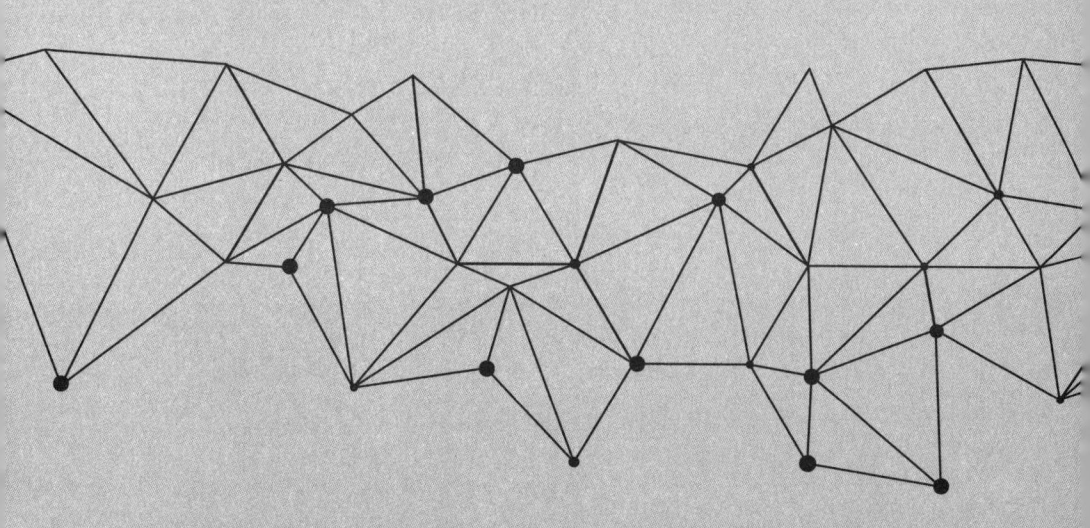

Capítulo 1

Como a escola se redescobriu durante a pandemia

Independentemente da linha pedagógica seguida, a melhor escola será aquela que for uma parceira da família na educação das crianças, com comunicação eficiente e confiança de ambas as partes.

A melhor escola é aquela em que seu filho se sente acolhido, onde ele tem uma boa interação com a equipe e com seus colegas. Não existe escola forte ou fraca, boa ou ruim. As melhores são aquelas que concretizam seu propósito educacional.

A boa escola respeita seu filho e o ritmo dele; não o atola em conteúdo e atividades inúteis ou inadequadas para sua idade, colocando pressão sem sentido sobre a criança. Esse não é o caminho para uma educação que forme para a vida. A boa escola ensina a enxergar o mundo de forma clara e a interpretar o que está diante de nossos olhos; que busca formar cidadãos respeitadores, críticos do mundo ao seu redor, ativos em suas comunidades e seu grupo de amigos.

Como já mencionei anteriormente, para que a escola atinja esses objetivos, é fundamental uma parceria sincera e honesta com a família, na qual a família atue como a primeira fonte e exemplo de comportamentos e valores para os filhos e a escola possa trabalhar para construir sobre essa base sólida. Durante um bom tempo no Brasil os pais pensaram que bastava matricular o filho numa escola considerada "boa" e isso já incluiria (e encerraria) a formação da criança. Hoje sabemos que essa não é a resposta.

Escola boa é a escola que faz parceria com os pais, sem que um invada os domínios do outro. As famílias podem e devem interagir e contribuir na construção do conhecimento e na formação de seus filhos, sem, contudo, interferir nas abordagens e valores professados pela escola. É importante conhecer esses valores e abordagens pedagógicas antes de efetuar a matrícula, a fim de que os pais saibam qual é a postura da escola em relação à solução de conflitos, à comunicação e outros detalhes que sejam relevantes para a família. Uma vez que a criança já esteja frequentando a escola, entretanto, os pais devem confiar na equipe para que esta possa desenvolver seu trabalho da melhor maneira, mantendo sempre um canal de comunicação com a escola e a criança para mediar qualquer dificuldade. Ressaltamos novamente aqui que o ideal é uma parceria; porém, os pais devem assumir sua parcela de responsabilidade sobre a educação dos filhos em casa. Afinal, é em casa que elas aprenderão através do exemplo dos pais quais são os valores e atitudes que carregará para a vida.

Tenha isso em mente quando surgir a tentação de compensar o fato de passar pouco tempo com seu filho cedendo a todos os caprichos da criança. Isso não é educar para a vida, pois o mundo não vai entregar a seu filho tudo o que ele quiser, de mão beijada. Uma criança que não ouve "não" em casa será um adolescente e um adulto que não saberá lidar com os "nãos" que a vida lhe dirá. Por favor, pense nisso da próxima vez que seu pequeno começar a chorar e espernear. Antes ele aprender a lidar com a frustração desde pequeno do que crescer sem essa lição, por mais desagradável que seja.

> Ficou claro, ainda, que crianças e adolescentes estão acostumados com as redes sociais para fins sociais e não para educativos.

Ensinar o certo e o errado, dizer "não" sempre que necessário, educando nossos filhos para respeitar limites e lidar com as próprias frustrações: é assim que demonstramos o amor que temos por nossos filhos. A escola será mais uma etapa nesse processo, mas nenhum professor pode substituir as lições que vêm de um pai ou uma mãe.

A pandemia chegou e a Escola não tem mais como apresentar aos pais sua proposta de trabalho, seus espaços físicos e de integração social e as salas de aula. Deu-se início a um novo trabalho: as aulas remotas. Foi uma correria, as escolas particulares, em sua maioria, mesmo já contando com as plataformas digitais como suporte para as aulas presenciais, passaram por um período de adequação para as aulas remotas e mudanças no planejamento. Entendemos que não teríamos mais as festas e as mostras de projetos, e que teríamos como fazer tudo on-line. Foi o que fizemos. A maior parte dos alunos tem acesso à internet e conta com computadores e/ou celulares capazes de suportar as plataformas digitais. A maior parte dos alunos participa das aulas; na Educação Infantil, elaboramos apostilas apropriadas para que as crianças pudessem estudar com as famílias e elas foram entregues na casa dos alunos. Pode ser que não seja o caminho ideal, mas fazemos o que for possível para que haja o mínimo prejuízo pedagógico possível. Claro que não podemos colocar o ambiente da escola na casa dos alunos, mas conseguimos uma aproximação com os professores, os colegas e as atividades.

Com a implantação das aulas remotas on-line, ficou nítida a desigualdade entre as escolas privadas e públicas; enquanto nas escolas privadas a adesão dos alunos foi quase de 100%, nas públicas não chega a 50%. Apesar de a Secretaria Municipal da Educação (SME) não apresentar os índices, temos relatos de colegas de profissão que atuam nas redes estaduais e municipais que dizem estar frustrados, pois os alunos não possuem computadores em casa nem acesso à internet paga, o que dificulta muito o trabalho do professor e impacta na aprendizagem, além dos pais que, em sua maioria, não conseguem auxiliar os filhos para entrar nas plataformas nem sabem como postar as atividades. Ficou claro, ainda, que crianças e adolescentes estão acostumados com as redes sociais para fins sociais e não para educativos.

Capítulo 2

A responsabilidade da escola durante o isolamento social

É preciso estabelecer os limites entre o que cai sob a responsabilidade da escola e o que deve ser do âmbito familiar. Transmissão de valores e princípios vem de casa, não da escola.

O ser humano tem a tendência de olhar para o passado com saudosismo e idealização. É comum ouvirmos "no meu tempo não era assim", "as crianças de hoje em dia não sabem respeitar", "essa geração está perdida". Não dá para negar que, sim, muitas crianças e adolescentes se encontram sem direção na vida, em busca de um objetivo para si e respostas para suas dúvidas e anseios.

É nesse ponto que cabe uma autocrítica: se nossos filhos se encontram sem rumo, sem educação, sem limites, de quem é a responsabilidade por isso? Da escola, que os recebe com suas personalidades já formadas? Ou da família, que criou esse filho em seu seio desde que nasceu?

É perceptível que a sociedade vem passando por muitas mudanças, e uma delas é a transformação da composição da unidade familiar – passamos do clássico "pai, mãe, dois filhos" para várias outras formações. A única coisa que todas essas formações têm em comum é que os pais e mães, empenhando-se na busca por uma melhor condição de vida para sua família, passam cada vez mais tempo fora de casa, sobrando pouco tempo para dedicarem aos filhos. As crianças, por sua vez, sofrem com a falta de atenção e protestam como podem: normalmente, fazendo manha para receberem a atenção exclusiva dos adultos quando estes estão em casa. Essa rotina é construída desde muito cedo e vai moldando a percepção da criança e seu modo de interagir com o mundo: se eu fizer escândalo, vou receber o que quero. Nunca me dizem não porque eu mereço tudo o que desejo. Tudo o que existe está à minha disposição; basta pedir e eu vou receber.

> A verdade é que as escolas sempre lidaram com os "pontos cegos" na educação que as crianças recebiam em casa.

Vendo por esse ângulo, fica mais fácil perceber a raiz de boa parte dos problemas sociais que estamos vivendo. Obviamente, estamos simplificando questões complexas por uma questão de espaço e tempo, mas a realidade está aí para quem estiver disposto a enxergar.

A verdade é que as escolas sempre lidaram com os "pontos cegos" na educação que as crianças recebiam em casa. Ou seja, não sabemos, de fato, como a criança é incentivada, acolhida e orientada em casa, quais são os valores de cada família, porque nem sempre o que os pais contam na escola é o que ocorre no ambiente familiar. E isso sempre foi, em parte, sua responsabilidade: pois é na escola que essas crianças aprenderão a ser relacionar em sociedade, algo que não têm como aprender em suas casas. Todavia, essa função vai apenas até certo ponto.

Conversando com educadores, diretores de escola, pedagogos e estudiosos da educação, chegamos à conclusão de que as famílias vêm, cada vez mais, transferindo para a escola a transmissão de valores e princípios que deveriam ter vindo de casa. Os pais desenvolvem uma relação de "amizade" com os filhos e acabam com medo de impor limites e de dizer não, sob pena de saírem como vilões aos olhos dos pequenos. Essa opção pela omissão de responsabilidade traz consequências já visíveis no modo como essas crianças se relacionam com o mundo ao seu redor.

Quando entram na escola, essas crianças que não aprenderam limites, nem como lidar com frustrações, terão que conviver umas com as outras. E o que sempre foi responsabilidade da equipe escolar, o acompanhamento da socialização e a transmissão de conhecimentos, começa a soar para essas crianças como uma série de repressões, como aderência a regras sem sentido, como perseguição ou até isolamento de seus amigos – os das redes sociais, não os colegas que se encontram ali ao lado deles. As crianças sentem que sua "liberdade" está sendo cerceada, quando, na verdade, o que se está pedindo é que ela se dedique por completo ao ambiente escolar, sem interferências ou distrações proporcionadas por aparelhos eletrônicos e celulares. Para quem cresceu sem nunca ouvir um não, limites podem ser bastante frustrantes e desafiadores. Multiplique isso pela quantidade de alunos presentes em cada sala de aula e perceba quantas dificuldades o professor enfrentará.

Mas isso é apenas a primeira camada dos obstáculos que os educadores enfrentam em seu cotidiano. Também é no ambiente escolar que muitas famílias descobrirão as muitas possibilidades de desvio da norma cognitiva que podem acometer seus filhos: distúrbios de aprendizagem, ansiedade, dislexia, transtorno de déficit de atenção, depressão e muitos outros. Para que essas questões sejam abordadas da melhor forma, é preciso que a parceria entre escola e família esteja funcionando bem, que a comunicação entre ambas funcione e que todos se disponham a fazer sua parte para ajudar a criança a superar suas dificuldades, na escola e na vida. E isso será impossível se a família não assumir sua carga de responsabilidade nesse projeto: é preciso calma, disposição de buscar as melhores respostas, coragem para aplicar as soluções mais indicadas, boa vontade para encontrar tempo nessa vida tão corrida para dedicar aos filhos.

A escola tem se preparado ativamente para atuar nesse novo mundo em evolução, fazendo sua parte para ajudar as crianças a se adaptarem e desenvolverem, integrando-se à sociedade como cidadãos conscientes. Contudo, as famílias precisam e devem colaborar nesse processo, assumindo seu papel como base fundadora dos princípios e valores dessa nova geração, agindo como figuras de autoridade na vida das crianças, atuando como modelos de comportamento a ser seguido.

A parceria confiável entre escola e família fortalece a educação e estabelece um padrão de valores e atitudes que vão orientar a formação dessa criança, seu desenvolvimento e seu aprendizado, além da boa integração à sociedade como cidadão crítico e funcional.

Durante a pandemia e a suspensão das aulas, esses "pontos cegos" ficaram ainda mais evidentes, pois as escolas não conseguem controlar como os alunos estão sendo acompanhados em casa. Está sendo difícil, porém as escolas que já tinham uma plataforma on-line tiveram menos dificuldades para transpor das aulas presenciais para a remota, não sofreram tanto. Porém, as famílias se tornaram o ponto-chave na questão educacional, porque as crianças menores não conseguem aprender sem auxílio; apesar do trabalho dos professores, elas necessitam que as famílias estejam presentes durante as aulas e auxiliando com as atividades. Os alunos mais velhos, por sua vez, já têm autonomia e conseguem estudar sozinhos, mas também precisam de incentivos para não perder o entusiasmo e a vontade de estudar. Em todos os casos, a família será ainda mais a parceira das escolas.

Capítulo 3

Influências externas

O que a família e a escola podem fazer para evitar influências externas ruins e incentivar as boas?

O mundo em que vivemos é cada vez mais uma aldeia global. Temos contato direto com pessoas do mundo todo pela internet, nas redes sociais, e, de forma indireta, através da mídia que consumimos, das notícias que chegam até nós, até mesmo dos hobbies que desenvolvemos. Tudo isso exerce uma influência sobre nossas vidas e a de nossos filhos. Por esse motivo, é essencial que a escola e a família unam suas forças, pautando seus procedimentos em bases e princípios sólidos e coerentes.

É fundamental que os pais conheçam a filosofia da escola antes de matricular os filhos, uma vez que essa instituição tem um papel decisivo na formação deles. Ao colocar os filhos em uma escola cujos valores estejam alinhados aos seus, você entra em uma parceria com potencial para ser muito produtiva. Com um canal aberto para o diálogo entre as partes e uma relação equilibrada e eficiente entre teoria e prática, você garantirá o ambiente ideal para que seu filho cresça como pessoa e forme seu próprio caráter.

Esteja sempre ciente de que seu filho sofrerá outras influências além das suas e das do ambiente escolar; no entanto, com essa base sólida e o amparo da sua atenção constante, seja através do diálogo ou de seu exemplo, essa criança encontrará um bom caminho para se desenvolver e buscar sua própria realização.

> Incentive em seu filho o anseio por buscar conhecimento por conta própria. Ensine-o a pesquisar e averiguar as fontes de suas informações. Fomente a mudança e a evolução constante, sem se apegar ao que ele gostava ou queria tempos atrás.

Incentive em seu filho o anseio por buscar conhecimento por conta própria. Ensine-o a pesquisar e averiguar as fontes de suas informações. Fomente a mudança e a evolução constante, sem se apegar ao que ele gostava ou queria tempos atrás. Mantenha um contato estreito e respeitoso com os profissionais responsáveis por seu filho na escola, e estimule sempre o diálogo.

A busca eterna e incessante pelo conhecimento e a evolução é uma das coisas que dá sentido à nossa vida. Estimule seu filho a se divertir nesse processo e participe das descobertas dele. Mostre na prática que está ao lado dele, disposto a continuar aprendendo e crescendo você também.

Capítulo 4

Psicologia e a escola

A participação de um profissional da psicologia pode auxiliar no momento do isolamento social e no desenvolvimento das aulas on-line, ajudando na parceria entre a instituição de ensino e o núcleo familiar.

O vínculo entre psicologia e educação tem incentivado um novo olhar sobre o aprendizado e o ensino e se intensificou neste período difícil, além de oferecer várias contribuições através de teorias sobre o desenvolvimento humano. Muitos profissionais da área se prontificaram a fazer atendimento on-line e gratuito às famílias para auxiliar no período de isolamento social, quando todos os indivíduos estão sentindo os impactos emocionais, tanto as crianças quanto os adultos; afinal, fomos privados de muitas coisas com as quais estávamos acostumados, do trabalho à escola, o lazer e o contato físico. O trabalho dos psicólogos abrange desde os alunos, principalmente os adolescentes, quanto a sociedade em geral.

A Lei de Diretrizes e Bases – Lei n. 9.394, de 20/12/96 – diz: "Educar é dever da família e do Estado, inspirado nos princípios de liberdade e nos ideais de solidariedade humana.

Tem por finalidade o pleno desenvolvimento do educando, seu processo para o exercício da cidadania e sua qualificação para o trabalho" (art. 5º). Nesse contexto, todo trabalho educativo realizado por meio da escola tem como ponto de partida a compreensão de que seu objetivo é a formação da cidadania em todos os brasileiros.

Uma educação compromissada com a população, levada a cabo com qualidade, e uma política educacional adequada, sempre tendo em vista os direitos sociais de todo cidadão brasileiro, são prerrogativas fundamentais de todos. Entretanto, apesar de ser um direito garantido por lei, não é o que se vê na realidade. O que dizer, então, da participação do psicólogo na educação, uma atuação cuja importância só aumenta nesse cenário tão cheio de dificuldades?

Mas estamos vivendo uma ruptura no texto anteriormente citado, pois convencionalmente estamos interligados através da educação. Infelizmente, a atuação integrada entre psicólogos e instituições de ensino também foi afetada pela nova realidade. A escola como prédio físico já não atua há meses, o ano letivo ficou comprometido e o contato social dos alunos também.

Tradicionalmente, a contribuição do psicólogo no ambiente escolar é o de auxiliar no diagnóstico e abordagem de problemas do corpo estudantil, em particular os relacionados à aprendizagem ou ao comportamento. Ou seja: as instituições utilizam rotineiramente a visão do psicólogo associado às patologias emocionais de seus alunos.

Também é o psicólogo quem determina que não se deve atribuir toda a responsabilidade por seus problemas (ou até mesmo seu fracasso) na escola ao aluno, levando-se em consideração a situação emocional da família e sua maturidade para lidar com problemas e conflitos surgidos no ambiente escolar. A saúde emocional de todos os membros da família é fundamental para que esse aluno não se torne vítima de uma situação social com potencial destrutivo. Especialistas em psicologia afirmam que as famílias desestruturadas geram um processo altamente excludente no aluno, tanto no ambiente escolar quanto no social. Segundo Contini, "a atuação do psicólogo na educação tem por objetivo primordial a promoção da saúde, considerando o conceito de saúde não apenas como ausência de doenças, mas também os vários aspectos presentes na vida do homem, como moradia digna, lazer, educação e trabalho. É o equilíbrio desses componentes da vida diária que irá formar o grande mosaico da saúde humana".

Para promover a convivência sadia, os psicólogos estão se utilizando de *Lives* com temas que abordem o assunto e auxiliando as famílias a lidar com o isolamento, muitas delas compostas apenas por uma mãe e um filho, sem contato físico com outros parentes. São momentos de introspecção, de reflexão, de aprender a lidar com as próprias deficiências. Pode ser que nenhum profissional possa auxiliar, mas alivia ouvir de outras pessoas como elas estão lidando com suas frustrações neste momento, para poder implementar a integração de todos. Conforme esses profissionais estabelecem e mantêm uma relação saudável com as instituições educacionais, com os educadores e os demais colaboradores, expandem-se as possibilidades para a construção de projetos visando a aprendizagem com consciência solidária e social, apesar de virtual. No momento, "o mais importante é manter o contato e a cabeça sempre com pensamentos positivos", cita a psicóloga Márcia Almeida em uma de suas *Lives*, que aponta como devemos entender que somos passíveis de aprender a viver e conviver na urgência, utilizando todos os mecanismos de defesa que nosso cérebro puder utilizar para nos manter saudáveis e dar um mínimo de conforto emocional para as famílias. Ela aborda também sobre como o profissional da psicologia atua compreendendo e auxiliando na convivência e superação das dificuldades humanas, ao se posicionar como um parceiro dos educadores, das famílias e instituições de ensino, auxiliando no entendimento a uma demanda cada vez mais ávida por orientação, estimulando o convívio saudável e harmonioso dentro de casa. Estamos tendo a oportunidade, conforme a psicóloga diz em uma fala recorrente, de entender qual a importância da nossa casa, onde ficávamos pouco tempo e agora fomos obrigados a permanecer e até trabalhar nela, assim como podemos rever os ambientes, mexer nos objetos guardados há tempos, conseguir nos concentrar na arrumação de gavetas, nos focar nas plantas que podemos ter em casa e, principalmente, gostar de estar em nosso ambiente mais do que fora. Segundo a psicóloga, é tempo de rever o que desejamos para a vida no período pós-pandemia.

Capítulo 5

Como as aulas remotas transformaram a educação

O papel da escola na formação de bons cidadãos.

A sociedade atual passa por momentos de tensão e transformação, e esses abalos também atingem a escola contemporânea. Ela tem questionado a si mesma, seu papel como instituição numa sociedade pós-moderna e pós-industrial caracterizada pela globalização da economia, das comunicações, da educação e da cultura, influenciada pelo pluralismo político, pela emergência do poder local e outros fatores mais. E, principalmente, foi marcada pelas mudanças que passou por causa da Covid-19. Quando iniciei este trabalho, jamais poderia prever que o País iria parar e principalmente suspender as aulas, impedir as crianças de estudar de maneira presencial, tirando delas o espaço educacional garantido na Constituição Federal.

Nesse contexto, os professores foram levados para um campo conhecido por eles, mas não explorado da forma como está sendo, transformando as aulas presenciais em virtuais. A pergunta que fica é: como os professores encararam esse desafio? Estavam preparados tecnologicamente para tal missão? A renovação das práticas educacionais é uma constante realidade nas escolas, para acompanhar as transformações mundiais, mas essa não é a questão do momento, a maior questão aqui é manter a qualidade do ensino, reformular os planejamentos, manter o calendário escolar e fazer com que a escola sobreviva do caos de saúde que o mundo atravessa. Essa renovação nos paradigmas educacionais, na ruptura de fronteiras entre a tecnologia e a Educação Formal, é complexa; primeiro, porque perpassa todos os aspectos da prática pedagógica; segundo, porque exige abertura dos envolvidos no processo, somada à vontade de mudar, de desafiar e ser desafiado; e, terceiro, porque os meios para concretizar essas aspirações devem estar em consonância com o cenário mais amplo, cientes de que quem irá comandar será a tecnologia e não o professor; pois, por mais criativo que ele seja, terá que ter conhecimento das ferramentas que pode utilizar para atuar numa escola dividida entre as paredes e as telas dos computadores, onde os atores desse processo deverão ter acesso à internet e querer fazer parte dele. O professor se torna um esperançoso e até um ansioso para que os alunos estejam presentes quando iniciar suas aulas.

> O professor e a equipe pedagógica da escola devem ter em vista essa necessidade constante de reinvenção e reaprendizado, aplicando-a também à instituição e seus métodos para poder construir um projeto de desenvolvimento ao mesmo tempo moderno e próprio para o momento.

Uma das mudanças pelas quais a sociedade passou e ainda passa é a globalização em todas as áreas: consumo, economia, cultura, tecnologia. Cada vez mais as fronteiras se extinguem ou se tornam flexíveis, e à sociedade cabe se adaptar a esse acesso crescente a informações e conhecimento nem sempre confiáveis ou benéficos. E é nesse sentido que temos uma das necessidades básicas e essenciais do ser humano na nova sociedade globalizada: a autonomia e independência do indivíduo no processamento das informações que recebe.

É papel da escola, ao formar um bom cidadão, capacitá-lo para saber interpretar as informações que recebe, saber conectar essa informação com causa e consequência no mundo real, ser capaz de decidir como se posicionar a respeito dessa informação, processar e selecionar as fontes de suas informações conforme sua credibilidade, exercer sua criatividade e sua iniciativa sobre o mundo ao seu redor. Com o fluxo contínuo e ininterrupto de novos dados e interpretações de dados, cada indivíduo deve ser capaz de decidir por si, de forma independente, de que forma irá usar o que sabe para lidar com os novos problemas que surgem a cada dia.

O professor e a equipe pedagógica da escola devem ter em vista essa necessidade constante de reinvenção e reaprendizado, aplicando-a também à instituição e seus métodos para poder construir um projeto de desenvolvimento ao mesmo tempo moderno e próprio para o momento. A educação para a cidadania deve conscientizar o educando sobre os direitos e deveres do exercício da cidadania, ao mesmo tempo que o prepara para sua participação na sociedade, desfrutando e reivindicando o que é seu. Como a cidadania é uma questão interdisciplinar, toda área de ensino deve se devotar a esse objetivo.

A cidadania também ajuda o aluno a compreender melhor o conceito de liberdade – o clássico "minha liberdade termina onde começa a liberdade do outro", ensinando a considerar o outro como indivíduo merecedor do mesmo respeito e liberdade que ele possui –, além de ensinar a resolver conflitos e divergências de maneira produtiva e harmoniosa.

Este é o papel fundamental da escola cidadã: ensinar que conviver em sociedade é uma prática diária que requer de nós preparo, paciência, disposição e humildade. Não existe uma fórmula imutável para isso e, como consequência, o ensino e o aprendizado estão e sempre estarão em uma evolução constante, como todos nós deveríamos estar. Não importa se estamos atuando remotamente, o que importa é que a escola ainda tem que auxiliar seus alunos a cumprir um papel cidadão e, para que isso ocorra cada vez mais, teremos que nos aproximar da tecnologia. Hoje, ela é tudo que somos e temos.

Capítulo 6

Escola pós-pandemia

A formação do educador e a discrepância entre teoria e prática educacional.

O fato de que a formação docente é essencial para a qualidade da educação é inquestionável. O que podemos e devemos discutir, todavia, é se ela foi capaz de executar a transposição didática. Em outras palavras: em que medida a formação docente consegue efetivamente produzir uma mudança na prática de ensino?

Infelizmente, testemunho com frequência o despreparo de profissionais recém-formados para lidar com a práxis do ensino, o que me deixa um tanto cética quanto às abordagens metodológicas dos cursos de graduação em pedagogia atuais. Isso fica mais evidente na questão da alfabetização. Os professores saem da faculdade cheios de embasamento teórico, mas sem a menor noção de como ensinar uma criança a ler e escrever. É por isso que defendo que a formação prática após a graduação é de extrema importância: é no dia a dia da sala de aula que o profissional vai aprender que não basta conhecer os conceitos das metodologias educacionais.

Apenas isso não o prepara para entender e acompanhar seus alunos da forma mais adequada.

E é aqui que entra o trabalho do coordenador pedagógico, cuja função inclui acompanhar, orientar e até mesmo sugerir mudanças no comportamento do professor, tanto dentro quanto fora da sala de aula. Só podemos ensinar se estivermos dispostos a aprender, e o educador deve, antes de tudo, estar aberto a aprender sempre. Essa máxima deve ser levada para a vida: o educador precisa compreender que educar é estar atento às mudanças educativas e às transformações sociais, evoluindo e se ajustando durante esse processo constante. Ensinar é uma ação contínua e gradativa, que não precisa, porém, ser repetitiva.

> É por isso que defendo que a formação prática após a graduação é de extrema importância: é no dia a dia da sala de aula que o profissional vai aprender que não basta conhecer os conceitos das metodologias educacionais.

Todos nós estamos sujeitos às mudanças e precisamos entender que nem quando o aluno é um adulto a escola consegue, por si só, formar educadores, professores, engenheiros etc. A escola é a base de nossa formação; a complementação e a implementação do que aprendemos deve vir de cada indivíduo, de sua vontade de saber mais e associar a teoria do que aprendeu com a realidade da vida.

Ensinar é mostrar e ser, você mesmo, um exemplo; assumir as próprias dificuldades e erros, transformando-os em oportunidades de aprendizado. É na humildade de reconhecer que nem sempre estamos corretos que demonstramos, na prática, a necessidade de aprendizado e evolução contínuos.

O compromisso com uma intenção educativa comum a todas as partes (escola, família e educadores) fortalece vínculos, orquestra ações e dá o direcionamento adequado para a melhoria da educação. Hoje, a escola está tentando manter firme suas convicções e seu papel social.

Capítulo 7

Ser professor durante e após a pandemia

O professor e o educador.
Como educar para a vida?

Para quem não vivencia o cotidiano de um professor, é muito difícil transmitir o que significa levar adiante sua missão nessa profissão tão desvalorizada e, ao mesmo tempo, tão importante.

Ser professor é agir sempre com decência, dignidade, educação, paciência e amor com as crianças, adolescentes e jovens. É estudar o tempo todo para se manter atualizado, acompanhar os avanços sociais, políticos, tecnológicos, econômicos e individuais; é perceber e, se possível, corrigir a falta de orientação das famílias para com seus filhos; acima de tudo, é trabalhar em sintonia com seu coração ao mesmo tempo que emprega a razão.

Servimos a nossos alunos como médicos, psicólogos, amigos e mestres. Às famílias, como parceiros e incentivadores. À escola, como arquitetos de um projeto no qual o objetivo é construir conhecimentos. Também servimos como alunos de todos eles, pois a convivência está aí para transformar a todos nós em aprendizes.

Ser professor é assumir a responsabilidade de formar pessoas para todas as outras profissões. É semear a curiosidade, o respeito e a cidadania, esperando e torcendo para que a colheita futura traga frutos melhores. Educar é buscar sempre o melhor para cada criança que nos chega, sem saber muito bem o que a escola lhe reserva.

> Educar é buscar sempre o melhor para cada criança que nos chega, sem saber muito bem o que a escola lhe reserva.

Educar também é descobrir dentro de si uma fonte inesgotável de amor, alegria e perseverança. Acreditamos sempre que é possível melhorar; nos empenhamos para isso. Transmitimos mais do que conhecimento; plantamos as sementes que desabrocharão em futuros cidadãos independentes, centrados e sadios. Esta é a nossa estirpe: a esperança de que o futuro espelhará o exemplo que damos hoje.

Mas é durante a suspensão das aulas que o professor/educador está sendo mais testado. Além de planejar aulas, se reinventar, ter de se adaptar às plataformas virtuais e dar atenção aos alunos, o professor também passa pelos mesmos problemas socioemocionais como o restante da população. Muitos possuem famílias e/ou pertencem ao grupo de risco para a Covid-19; além disso, alguns sentiram profundamente a suspensão das aulas e tiveram depressão, outros manifestaram ansiedade com as aulas virtuais, já outros, sentindo o peso que as ações tiveram na área econômica, entendem que hoje fazem parte fundamental de um grupo de educadores que irá resgatar essa ausência que os alunos e as famílias sentem da escola.

Parte 3

Como viver bem a vida durante e após a pandemia

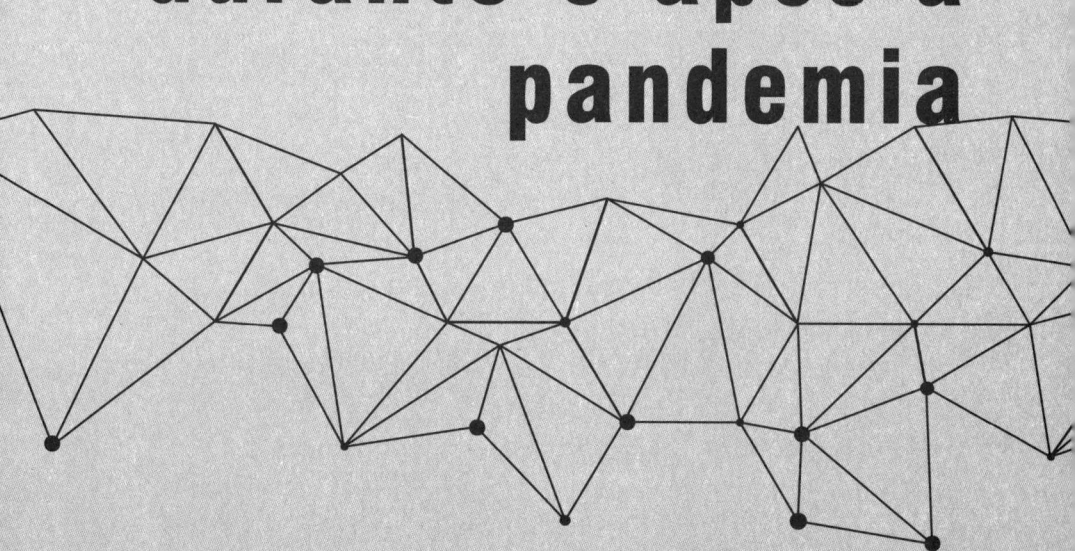

Capítulo 1

A educação como integração aos núcleos sociais

Preparar os alunos para que possam se integrar e atuar socialmente de forma equilibrada e sadia.

Nesses anos em que trabalhei com educação, tive a oportunidade de escrever dois livros e vários textos na revista do Colégio Renovação e em outras mídias locais, sempre falando sobre assuntos referentes à educação e ao papel da escola e da família na formação do indivíduo e da sociedade em geral.

Vou aqui revisitar alguns dos temas abordados, atualizando e revisando o conteúdo desses textos. Eles surgiram da necessidade de informar e estreitar os laços de comunicação com nossos alunos e suas famílias. A intenção não será de instruir os pais, e sim de ajudar as pessoas a compreenderem suas relações familiares, religiosas, sociais e com a tecnologia e o mundo que nos cerca.

O mundo está mudando mais depressa do que nunca. São mudanças drásticas, intensas, bruscas; transformações para as quais não estamos preparados, nem como indivíduos nem como sociedade. Várias das maiores potências influenciando o comportamento e a formação do caráter de nossos filhos desde a mais tenra infância sequer existiam há pouco tempo. Como lidar com algo tão alheio à nossa compreensão, tão distante, tão pouco estudado até o momento?

São muitos conflitos e muitas dúvidas na cabeça de todos: pais, filhos e educadores. O contato com a internet, essa janela para o mundo, pode agir como facilitador para o ensino da empatia, para auxiliar as pessoas a enxergarem as dores e dificuldades dos outros, para aproximar amigos e parentes que a distância física separou, para favorecer a pesquisa e incentivar a busca pelo conhecimento. Mas também pode nos mostrar o pior do ser humano, possibilita o contato com pessoas que nem sempre desejam o bem, aprofundar a distância entre a realidade que nos cerca e aquela com a qual sonhamos, ampliar a sensação de solidão e distância entre as pessoas, ou até mesmo conduzir uma pesquisa inocente para caminhos sombrios e extremistas.

Você deve ter percebido que os males citados acima não são ameaças dedicadas exclusivamente aos jovens e às crianças. Isso porque muitos adultos também caem nessas armadilhas.

O que afirmamos em capítulos anteriores, de que o principal objetivo da escola é formar cidadãos conscientes, autônomos e com poder de decidir por si, cabe aqui também aos pais e à sociedade de forma mais ampla. A internet não é um mundo à parte; é outro mundo. Um espelho do nosso, tão grande quanto o nosso, tão belo, fascinante, interessante e perigoso quanto o nosso. E é sobre nós, os adultos, que recai a responsabilidade de saber filtrar o que deixamos entrar em nossas vidas, em nossas atitudes, em nosso cotidiano. Somos nós que devemos dar o exemplo, ensinando a eles os cuidados necessários para explorar todos os horizontes, sejam eles reais ou virtuais.

A Educação é feita com diálogo e pelo diálogo

Os educadores estão convivendo com a tecnologia e tentam ensinar apoiando-se nas ferramentas tecnológicas para tornar suas aulas mais atrativas; porém, nós não apenas ensinamos, nós educamos, e é nesse ponto que entra o diálogo. Não existe outra maneira de sensibilizar crianças e adolescentes se não for dialogando com eles, fazendo-os entender que podem melhorar o comportamento, ter amigos, tornar seu tempo na escola agradável, se estiverem interagindo bem com todos e com o espaço que estão frequentando. Não temos a intenção de interferir na educação familiar, mas complementá-la. As palavras sempre irão suprir a violência, elas sempre terão mais força para educar do que qualquer forma de castigo. Os adultos devem dar exemplos – bons exemplos! E estará na "força" do diálogo esses momentos de interação que os levarão a refletir. Somos imediatistas, ensinamos hoje e desejamos que os resultados apareçam amanhã, mas não é assim, pois o que ensinamos hoje são como sementes jogadas na terra, que necessitam ser regadas para que possam dar frutos. Assim como uma árvore, ela pode levar anos para aprender como agir de maneira correta. A meta de quem educa é criar um bom cidadão, uma pessoa voltada para o bem, que participa e faz a diferença na vida das pessoas. Se começarmos esse processo ainda na infância, essas crianças aprenderão a usar as palavras adequadamente. Não é apenas questão de tempo, mas de sermos tudo aquilo que estamos passando ao outro (crianças, adolescentes e jovens). Nossos diálogos podem ficar marcados e até guardados no subconsciente, mas, no momento certo, eles despertarão para concretizar de maneira saudável.

> A internet não é um mundo à parte; é outro mundo. Um espelho do nosso, tão grande quanto o nosso, tão belo, fascinante, interessante e perigoso quanto o nosso.

Capítulo 2

Bem-vindos a um mundo de inovações

Educamos para o hoje, mas nosso olhar é para o futuro.

Atravessamos todo tipo de transformação social, afetiva, familiar e tecnológica, e nosso objetivo é nos adaptarmos a esses avanços, antecipando as necessidades educacionais das futuras gerações.

Sabemos que, para educar, não basta simplesmente abrir os portões da escola e repetir o conteúdo das aulas diante dos alunos. Cada vez mais devemos ampliar a noção do que consiste em educar e acrescentar fatores para enriquecer a experiência da criança e das famílias. E, nesse sentido, nos empenhamos para que as famílias e os alunos sintam em nós a segurança, o acolhimento, o cuidado e a maturidade para incentivar o crescimento e o desenvolvimento de cada criança. Estamos, antes e acima de tudo, lidando com pessoas; com isso em mente, sabemos que podemos tropeçar nesse caminho, mas nos esforçamos para nos aprimorar diariamente e agir de forma a fomentar o respeito, a compreensão, o amor e a individualidade em cada um de nossos alunos.

Inovar é a palavra para o momento. Na verdade, dentro da Educação, foi o conceito necessário para conseguir atingir os alunos com as aulas on-line, quando muitos professores e até mesmo algumas escolas ainda não tinham se adaptado às plataformas virtuais e os professores e alunos tiveram de se adequar para lidar com esse outro ambiente. A pandemia mostrou ainda mais as diferenças sociais, pois, dentro dessa ideia de inovação, os alunos das escolas particulares estavam mais preparados tanto em conhecimento quanto em ferramentas para acessar as aulas. Foi necessário que o Estado procurasse maneiras mais eficazes de atender os docentes e alunos. Mas, para inovar, nem sempre é necessário lançar mão apenas da tecnologia disponível, pois, por mais que ela nos coloque em contato com ideias inovadoras, serão necessários planejamento, coordenação, controle emocional e diversificação. Estamos vivendo um momento que marcará a história, e não podemos simplesmente passar por essa etapa sem perceber como tudo isso nos afetou e rever os processos de aprendizagem não apenas formais, mas também de valores.

Muitas vezes, ao refletir sobre a pandemia, revi a maneira como estava vivendo, talvez estivéssemos tão concentrados no consumismo que deixamos de lado coisas importantes para viver e não apenas para sobreviver. Quando falamos em inovar, não significa meramente fazer diferente, mas buscar melhorias nas questões interiores, nas formas de administrar conflitos, na convivência diária e na administração do tempo. Em uma reflexão mais aprofundada, percebemos o quanto o tempo é um grande aliado, porque nos permite estar perto das pessoas que amamos, ter sensibilidade para com o próximo e nos tornar mais maduros. É questão de aprender a lidar com os dilemas que enfrentamos na vida pessoal e nas relações sociais e profissionais.

    O aperfeiçoamento das técnicas digitais faz uma grande diferença nesse período, sendo a única forma de nos conectar, de poder encontrar as pessoas, trabalhar; enfim, tornou-se a ferramenta que nos uniu durante o isolamento social. No entanto, sabemos que nenhuma máquina será capaz de superar o ser humano, pois, para que toda essa tecnologia tivesse o resultado esperado, as pessoas tiveram que acessá-la, interferi-la, os professores mudaram seu planejamento de aulas presenciais para aulas on-line, as atividades foram mostradas em todas as formas e houve um aperfeiçoamento dessas aulas com gravações de vídeo, projetos colaborativos, saraus virtuais, festa junina, mostra de projetos, interação entre os alunos e professores, reuniões da equipe gestora. Sobretudo, para que os processos de aprendizagem passassem efetivamente para as plataformas digitais, mostrou-se necessário muita criatividade e motivação para incentivar os alunos a entrar nas salas de aula on-line. As *Lives* viraram uma constante de todos que estão nas redes sociais.

    A inovação tem sido a aliada mais importante para atravessar a pandemia. Na área da economia, por exemplo, foi necessário realizar adaptações do mercado financeiro para a plataforma virtual, assim como muitos profissionais saíram dos escritórios para trabalhar em home office e mudaram suas estratégias de venda e abordagem aos clientes. Não estamos nos encontrando presencialmente, portanto, foi necessário adotar novas posturas, mudar o vocabulário e até mesmo o comportamento.

    Desde que comecei a educar, jamais imaginei que um dia fecharia a escola para garantir a saúde de tantas pessoas, para auxiliar no combate a um vírus que poderia dizimar milhares de vidas. Agora entendo como não podemos renunciar à tecnologia e lhes garanto que, apesar de já ter sido usado como plataforma recorrente e não de apoio pedagógico, não haverá retrocesso no período pós-pandemia. Seremos sempre aliados da tecnologia – a tendência é de que as aulas ocorram em duas etapas, uma na escola e uma na plataforma on-line. Por conta da pandemia, fomos obrigados a desacelerar e, parando, fomos empurrados para frente, chegamos onde gostaríamos de estar juntos, as escolas privadas, as públicas e as famílias. Diante do caos na saúde e na iminência da perda de tantas vidas, o futuro acendeu uma luz. As aulas mudaram, o ensino híbrido já é uma realidade e nós, que muitas vezes questionamos as faculdades EAD, agora sentimos como é necessário aprender a lidar com aulas a distância para não deixar de atender aos nossos alunos de maneira eficaz e garantir-lhes a mesma qualidade de suporte das aulas presenciais.

> Não haverá retrocesso quanto a esse novo paradigma, não teremos como voltar no passado e continuar estagnados em teorias que nos foram impostas antes da ferramenta digital. Não temos mais professores, eles viraram Digital Teachers, uma nova versão do professor estagnado em salas de aulas, lousas, livros didáticos e discursos.

Há muitos anos, a sociedade, as escolas e o governo questionam a eficácia da aprendizagem no Brasil, sempre discutindo a questão da alfabetização dos alunos da educação básica, a questão da ortografia e até a maneira como nossos alunos deixam de ler para ficar nas redes sociais; no entanto, estamos revendo essa posição, pois a integração nas redes possibilitou um novo olhar para a aprendizagem.

Temos consciência de que parte dos professores tem dificuldades para acessar plataformas on-line – já que a tecnologia sempre foi uma ferramenta mais dessa nova geração. Hoje, percebemos que os celulares devem estar incluídos na sala de aula para que os docentes possam deixar os alunos administrar sua aprendizagem virtualmente, criando seus conteúdos, seus vídeos educativos e até para melhorar a alfabetização e o vocabulário. Não haverá retrocesso quanto a esse novo paradigma, não teremos como voltar no passado e continuar estagnados em teorias que nos foram impostas antes da ferramenta digital. Não temos mais professores, eles viraram Digital Teachers, uma nova versão do professor estagnado em salas de aulas, lousas, livros didáticos e discursos. Atualmente, eles inovam, se reinventam por meio das telas dos computadores. Não iremos retornar as aulas com o mesmo olhar, não sairemos do isolamento social como entramos, despreparados e nos sentindo confinados em nossas casas. Nós entramos nesse período por causa de um vírus e fomos enfraquecidos, mas sairemos dele, em virtude das nossas atitudes cautelosas, mais fortalecidos e preparados para qualquer emergência.

Capítulo 3

As crianças e a tecnologia

Como as crianças passaram a enxergar o mundo virtual?

Todas as crianças precisam passar por um processo de maturação e de aprendizagem até se tornarem adultos sadios e funcionais. É nesse ponto que questionamos o modo indiscriminado com que as famílias têm permitido às crianças acesso aos aparelhos eletrônicos, às redes sociais e à internet de modo geral. Nosso papel, como pais e responsáveis, é acompanhar e orientar as crianças e os jovens em suas explorações do mundo ao redor deles; e isso engloba tanto o real quanto o virtual. Estamos desempenhando bem nosso papel quando cerceamos o que eles veem na internet através de filtros? Poderíamos fazer mais e ir além? Estamos dispostos a fazer o que é preciso?

Vemos crianças que nem sabem falar direito, devido ao uso de com smartphones, tablets e acesso desenfreado à internet. Alguns pais alegam que disponibilizam as ferramentas digitais para que elas possam fazer trabalhos escolares, mas se esquecem de que, uma vez terminada a tarefa, elas poderão utilizar todos os meios à mão para se comunicar. Para essas crianças sem supervisão, as redes sociais apresentam várias ameaças, com gravidade variável: elas podem ser expostas a imagens e assuntos para os quais ainda não estão preparadas, podem ser influenciadas por ideias e pessoas perniciosas, talvez até conversem com pessoas que se fazem passar por crianças para aliciar seu filho para a pedofilia ou as drogas. O acompanhamento dos pais é de extrema importância, sempre; não deixaria de ser assim no uso da internet.

Em nossa opinião, as crianças devem receber incentivos para desenvolver seu potencial cognitivo e motor, aprender os valores praticados pela família, ser apresentadas à fé que a família professa. Crianças devem se exercitar, brincar, conhecer o mundo com todos os seus sentidos – tato, visão, olfato, audição, paladar. Devem aprender a se engajar com a realidade, a lidar com o mundo físico que as cerca, antes de passar para o mundo virtual e tentar compreendê-lo. Movimentar-se, conviver com outras crianças, questionar o mundo à sua volta, tudo isso parte da evolução e do desenvolvimento infantil. Para que o seu filho possa ter uma interação saudável com a internet, as redes sociais e o mundo tecnológico, incentive-o antes a cultivar interações saudáveis na vida real, distinguindo o certo do errado, aprendendo a resolver seus temores, conflitos e angústias através do diálogo e da orientação com a família.

Acompanhe seu filho, estimule seu aprendizado, fomente uma mentalidade questionadora, curiosa e aberta. Ajude-o a experimentar a comunicação e a conexão real e concreta, a trabalhar na resolução de conflitos, a aceitar e fazer críticas, a refletir antes de agir. Tudo isso precisa acontecer no mundo físico para só depois poder ser aplicado ao virtual. Cada indivíduo precisa amadurecer e aprender a conviver consigo mesmo e com quem for diferente disso com tranquilidade e aceitação, de forma a não se deixar levar pelas influências que encontrará inevitavelmente nas redes sociais.

Por isso, convidamos os pais a refletirem como estão se colocando em relação a seus filhos e às atitudes deles no mundo virtual. Questionem como estão se relacionando com as ferramentas à sua disposição: estão utilizando as redes como forma de integração e expansão de conhecimento, ou aproveitando a distância que a virtualidade oferece para passar uma imagem que não condiz com a realidade? Estarão, vocês também, viciados na sensação de validação que likes transmitem, distraídos demais com a necessidade de aprovação alheia para prestarem atenção ao que seus filhos andam vendo?

Não estamos aqui para censurar os hábitos de ninguém. Contudo, tenha sempre em mente que as crianças precisam de orientação, de explicações, de um exemplo a seguir. Se você não estiver oferecendo isso para elas no mundo real e as deixar soltas nas redes sociais, é lá que elas buscarão suprir essa necessidade. E você não poderá reclamar dos resultados se não se empenhar para mudar isso.

A educação em casa e na escola deve ser pautada pela liberdade, segurança, destemor, disposição para ensinar e aprender, confiança e, sobretudo, dignidade, valores e limites. Sem dar limites, sem transmitir valores e sem agir com dignidade, não educaremos, apenas estaremos cedendo a tudo o que as crianças querem, sem questionar se isso é vantajoso ou não para o desenvolvimento delas.

Eduquemos com responsabilidade, pois o preço por não nos importarmos pode ser alto demais no futuro, com adultos que prejudicarão a si mesmos e à sociedade sem ter sequer consciência do que estão fazendo. Essa possibilidade recairá sobre nossa consciência; portanto, usando de nossa paciência, sabedoria, honestidade e equilíbrio, vamos nos empenhar para educar uma nova geração que possa criar e viver em um mundo melhor!

Capítulo 4

Integração da tecnologia à educação

> Como integrar a tecnologia à pedagogia?
> Qual o papel da família na convivência
> do aluno com o mundo virtual?

A forma de lidar com as tecnologias e seus avanços é um dos maiores desafios que a escola moderna enfrenta. Se por um lado as famílias gostam do fato de que, estando colados a uma telinha, os filhos não insistem tanto para sair e se encontrar com os amigos, por outro, essas mesmas redes sociais que tanto absorvem a atenção dos pequenos representam muitos perigos para eles.

A despeito de toda a interação virtual que ocorre atualmente, as crianças não estão preparadas para tudo o que podem encontrar na internet. Os pais podem se consolar dizendo a si mesmos que colocaram restrições no acesso dos filhos, mas a realidade é que a maioria das crianças aprende depressa a burlar essas restrições – sem contar que muitas dessas ameaças não disparam alarmes na cabeça dos pais, porque nem sempre parecem ser ameaças. Estudos apontam que boa parte da polarização que vem ocorrendo nas visões políticas atuais, incluindo aí os indícios da volta do nazismo às discussões consideradas razoáveis, aconteceu devido à influência do algoritmo do YouTube, que sugere vídeos com tendências cada vez mais extremas para um público cada vez mais jovem e ainda sem discernimento para compreender por completo as implicações e consequências daquilo que está absorvendo.

Outro prejuízo trazido pela mentalidade imediatista predominante na internet é que as crianças e os adolescentes já não aceitam a necessidade de aprender qualquer assunto – eles querem saber no que aquilo lhes será útil no futuro. Ora, ninguém pode prever o que será útil no futuro, porque na infância ninguém sabe qual será o seu futuro, sua profissão, sequer em que área vai querer atuar. A função da Educação Formal é fornecer bases amplas para que o indivíduo construa seus saberes conforme seus interesses futuros. Não se aprende física sem ter aprendido matemática; não se compreende por que a Terra é redonda quando não se tem a base matemática, histórica e filosófica dessa descoberta e suas confirmações matemáticas, históricas, factuais. Não estaríamos discutindo a eficácia de vacinas se todos tivessem uma base sólida de conhecimento do quanto algumas doenças foram praticamente erradicadas do mundo após seu advento, como funciona a imunidade coletiva ou imunidade de rebanho, e todas as explicações biológicas de como e por que as vacinas funcionam.

Outra consequência indesejável advinda da internet é que as aulas podem parecer tediosas para o aluno acostumado ao mundo dinâmico e mágico da virtualidade. Para combater isso, a escola pode (e deve) se utilizar dos recursos tecnológicos à sua disposição para tornar seu conteúdo mais ágil e interessante. Não basta utilizar softwares, editores de texto e outras ferramentas para elaborar provas, fechar notas e controlar a presença dos alunos. É na sala de aula que os recursos são mais úteis e serão mais bem aproveitados. Através da internet, pode-se viajar pelo interior do corpo humano, observar experiências, ter novas ideias para replicar em sala de aula, encontrar formas de expressar ideias abstratas para facilitar a compreensão por parte dos alunos. São muitas as possibilidades que podemos estar ignorando por medo ou ignorância.

Aqui, novamente, cabe uma parceria entre pais e professores para orientar os alunos em sua jornada, agora com o mundo virtual. Aos pais fica a responsabilidade de acompanhar as páginas que seus filhos visitam, que pessoas eles seguem nas redes sociais, que tipo de assunto está prendendo seu interesse, além de conversar com a criança ou adolescente sobre as armadilhas que a internet e as redes sociais podem apresentar. Assim como os pais antigamente gostavam de conhecer seus amigos, veja essas atitudes como a versão moderna disso: você está descobrindo com quem seu filho está andando, quem o está influenciando, que tipo de conduta ele está aprendendo a reproduzir. À escola compete usar a internet como outra forma de partilhar conhecimento, deixando as aulas mais objetivas e prazerosas, auxiliando na compreensão de temas através de abordagens diferentes do mesmo tema. Sabe aquele aluno que não compreende química por lhe parecer algo abstrato demais? É para ele que existem vídeos e tutoriais de experiências. História soa como algo chato e decoreba para a maioria dos alunos? Vídeos encenando fatos fundamentais da antiguidade podem despertar o interesse e modernizar o assunto.

O professor deve atuar como mediador e auxiliar o aluno a alcançar seu potencial máximo, aproveitando todos os benefícios educativos que os recursos tecnológicos podem oferecer. Despertando a curiosidade do aluno, este buscará ir além do conhecimento passado em sala de aula; e aí entra o papel dos pais de acompanhar as fontes em que seu filho está buscando informações, verificar se elas são confiáveis e adequadas à idade dele.

Essa é uma das ferramentas mais fundamentais ao lidar com a tecnologia atual. Com a emergência das *fake news*, é crucial conhecer as fontes de onde cada notícia ou informação saiu, se elas fontes são confiáveis e se realmente refletem a realidade. Também é mais importante do que nunca aprender a interpretar o que se está lendo, pois, com tanta oferta de informações e notícias, é inevitável que algumas estejam atuando com interesses escusos implícitos. Uma das competências essenciais do indivíduo moderno é saber filtrar o que lê e assiste, identificando os juízos de valor embutidos em cada informação e alcançando suas próprias conclusões.

Em resumo: como toda ferramenta criada pelo ser humano, os recursos tecnológicos podem ser muito benéficos ou muito prejudiciais. Para que eles possam ser usados para o bem e não para o mal, é da responsabilidade de pais e professores orientar e ensinar as crianças a usar a tecnologia para que participem do mundo, desenvolvam sua própria visão e fantasia, mas tudo respeitando a fase da vida em que estão, seus padrões de vivência e conduta.

Fiscalize, observe e acompanhe seus filhos, dispondo-se sempre ao diálogo e a ajudar a encontrar respostas para as dúvidas deles. Coloque-se como recurso confiável, porto seguro para a orientação e repouso das exigências do mundo virtual ou real. Com afeto, cuidado e educação, essas crianças terão maturidade para enfrentar o futuro como boas pessoas, bons cidadãos, respeitando o próximo e reconhecendo os próprios limites, assim como os dos outros.

Capítulo 5

Como as redes sociais mudaram o nosso comportamento

Muitas pessoas estão trocando os encontros sociais e os amigos reais para viver no mundo virtual. Investigamos aqui como essa mudança de comportamento afeta nossas vidas.

Estamos vivendo a revolução das comunicações e relacionamentos. Enquanto até o século passado a única alternativa à comunicação e relação pessoal direta era aquela executada através de cartas, atualmente podemos desenvolver amizades e até namoros com pessoas com quem nunca nos encontramos pessoalmente, mas a quem conhecemos através de conversas em vídeo, áudio e mensagens de texto. Obviamente, uma mudança tão grande assim vai afetar todo o nosso comportamento e o modo como nos relacionamos uns com os outros.

Infelizmente, o que poderia ser utilizado como ponte para eliminar distâncias está sendo, em grande parte, utilizado para aprofundar a desigualdade entre "famosos", "celebridades" e pessoas comuns. A diferença é que hoje em dia existem mais celebridades do que nunca; cada campo do conhecimento humano gera seus próprios panteões. Há famosos da área da música, da moda, da poesia, da beleza, do artesanato, dos jogos, dos vídeos, da política, do humor... parece que tudo o que podemos sentir vontade de fazer, já existe alguém fazendo – e mais, e melhor, e há mais tempo. O contato com essa realidade pode servir como espelho ("ela é tudo o que eu quero ser quando crescer") ou como negativo ("eu nunca vou ser tão famoso/tão bom quanto ele"), dependendo de vários fatores. Um desses fatores é a idade com que a pessoa começa a se expor a essas influências, se ela já tem maturidade para reconhecer que existe uma produção por trás daquilo tudo, se ela consegue reconhecer as armadilhas desse caminho. E esse é um dos motivos pelos quais é tão importante o acompanhamento dos pais em relação ao que seus filhos estão vendo e visitando na internet.

Nas redes sociais, muitas vezes as pessoas são medidas apenas por sua popularidade: o número de amigos, de likes gerados, de engajamento. Isso pode ter a ver com o modo como o Facebook e o Instagram manipulam até mesmo a forma de comprar das pessoas. Todavia, essa visão baseada apenas em números pode ser bastante opressiva para crianças e jovens, que ainda não têm equilíbrio e maturidade emocional para lidar com essa necessidade de "ter" muitos "amigos" na rede. Também é bastante questionável se elas têm noção suficiente do quanto se expõem nas redes e como isso tudo permanecerá gravado para sempre, acompanhando-as para o resto da vida.

Outro aspecto é que, hoje em dia, as redes sociais são foco de muitas ações de marketing por parte de empresas, comércios, escolas, partidos políticos, grupos populares, ONGs e até mesmo igrejas. As redes cresceram em uma proporção inimaginável e raramente se encontra alguém que não possua perfil em várias delas. Esses perfis são usados para tudo: informação, comunicação com o mundo, contato com os amigos, expressão de opiniões, contato com pessoas que possuem opiniões semelhantes às nossas, diversão, distração, formação e educação. São muitas funcionalidades – tantas, que acabam nos afastando do mundo real.

Precisamos nos adaptar a essa nova realidade. A invasão do real pelo virtual já aconteceu; precisamos apenas decidir como lidaremos com isso em nosso dia a dia e nos empenhar para educar uma nova geração que saiba trilhar seu caminho usando as redes, sem se deixar usar por elas.

Capítulo 6

As escolas e a internet

O papel da escola em um mundo em que as informações estão disponíveis na internet de forma gratuita para todas as pessoas. Como encontrar o equilíbrio entre o real e o virtual?

Com a emergência da internet como provedora de todas as respostas e caminhos, a sociedade e a família se perguntam: afinal, qual é a função da escola para as crianças? Qual é a sua importância, o que ela tem de diferencial?

Bem, podemos começar especulando qual a necessidade de um local físico para ir estudar. É possível fazer uma educação a distância de qualidade? Sim, é possível... mas não para tudo, e não para todos. Para começo de conversa, não podemos nos esquecer de que boa parte da população do País não dispõe de acesso à internet, nem de computadores em casa. Isso dificultaria consideravelmente um projeto mais amplo para a educação a distância. Em segundo lugar, muitas crianças (e mesmo adultos) aprendem e se desenvolvem melhor levando suas dúvidas para o professor durante a aula, ou após. E, por último, não podemos nos esquecer de uma das funções mais importantes da escola: formar cidadãos autônomos e competentes. Uma das primeiras lições que recebemos na escola não está no conteúdo que ela passa, e sim no aprendizado da convivência com nossos colegas e professores. Ao isolar nossos filhos em casa ou no condomínio, esse aprendizado se perde e a vida de seu filho será menos rica e gratificante por isso.

> Perceba a sua importância como fator humano nessa equação da transmissão de conhecimentos e exerça seu papel de forma plena, ampla e criativa.

Não é apenas pelo aprendizado formal que vamos à escola. Diplomas têm o seu papel, mas é na preparação das crianças para o futuro que mora a utilidade primordial da escola e seu maior objetivo. O que nós, profissionais da educação, podemos e devemos fazer é rever nossos valores e conceitos. Ir além da aprendizagem formal e buscar dominar todas as ferramentas que a tecnologia nos proporciona para poder oferecer novas oportunidades de aprendizagem aos nossos alunos. Dispor de cada onda que a maré dos acontecimentos ao nosso redor levanta para ensinar nossos alunos a tirar dela uma lição, uma interpretação. Perceba a sua importância como fator humano nessa equação da transmissão de conhecimentos e exerça seu papel de forma plena, ampla e criativa.

A internet e as redes sociais às vezes assumem o papel de bicho-papão (ou robô malvado do futuro), tentando substituir o contato entre mestre e aprendiz por uma versão virtual, automatizada e mais pobre dessa troca de saberes. E, mesmo com toda a informação do mundo ao seu dispor, as pessoas não saberão o que procurar se não houver orientação: ninguém conhece os limites da própria ignorância, exatamente porque essa é a definição da ignorância. Você não tem como saber que não sabe de alguma coisa se alguém não lhe apresentar essa "alguma coisa". Às vezes, o papel do educador pode ser simples assim: indicar assuntos, apontar fontes confiáveis, especular respostas junto com o aluno. Às vezes, sua função será a de corrigir e mostrar o caminho correto. E às vezes, mais do que tudo isso, seu papel será o de compreender o aluno e de ampará-lo em sua busca pela própria identidade e cidadania, oferecendo o conforto de uma palavra amiga e afetuosa.

Parte 4

Cuidando de si, cuidando do mundo

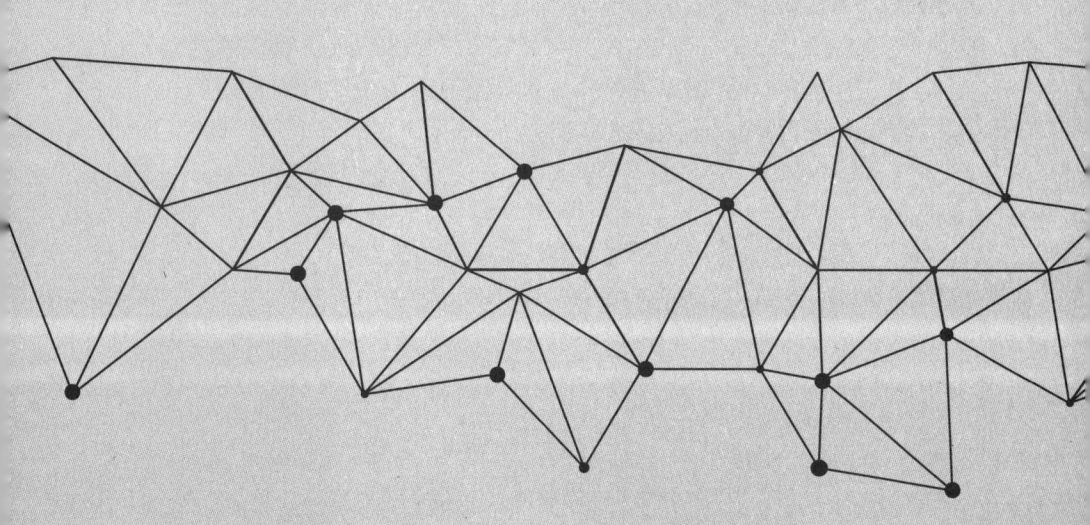

Como viver melhor

> Pensamentos e atitudes podem se tornar nocivos à saúde mental das pessoas. Só será possível ensinar e orientar nossas crianças, jovens e adolescentes a terem uma vida melhor e mais saudável se nós mesmos aplicarmos esses conceitos em nossa vida.

É comum recebermos famílias se queixando do comportamento de seus filhos, sejam eles crianças ou adolescentes. Normalmente, ouvimos com paciência e, em seguida, oferecemos uma pergunta, não uma solução: e como vocês estão? Como vai a sua vida pessoal, a vida da família em casa? Em geral, constatamos que os problemas não se resumem ao comportamento dos filhos; eles estão infiltrados em todos os níveis da vida familiar.

Quando a realidade se apresenta turva e conturbada, o melhor a se fazer é admitir que nossa mente pode nos pregar peças (e costuma fazê-lo), convencendo-nos de que problemas pequenos são gigantescos, de que nada tem solução e de que somos totalmente inocentes em relação ao que acontece à nossa volta. Se não nos mantivermos atentos e com uma visão limpa, nossa mente justificará cada dificuldade como sendo alheia aos nossos atos, e não uma consequência deles.

Foi pensando nessas armadilhas que decidi escrever pequenos textos com reflexões sobre a vida, a forma como estamos lidando com as transformações pelas quais o mundo passa, com informações em eterna atualização (e nem sempre confiáveis), com a tecnologia, com a globalização, com a participação crescente de crianças e adolescentes no mundo adulto, com a competitividade existente entre pais e filhos, com as separações e novas relações, enfim, com todas as novas relações que estabelecemos e rompemos ao sabor da maré da vida. Toda essa instabilidade acaba contribuindo para a geração de violência e desigualdade, assim como para o aumento de conflitos internos e externos. Por isso, sugerimos ao/à leitor/a que reflita sobre os temas a seguir.

Capítulo 1

Aprofunde seus pensamentos

É possível melhorar sua vida a partir de mudanças internas em você mesmo.

Faça uma análise sincera sobre como você está vivendo. Você sente que tem feito a diferença na sua vida e na dos outros? Que vive de forma significativa, e não apenas "empurrando com a barriga"?

Nossa vida não é composta exclusivamente de obstáculos e problemas. Eles existem para que possamos crescer, aprender e nos desenvolver. Mas a vida é maior do que isso: é uma passagem necessária, na qual tentamos transmitir equilíbrio e conhecimento para que outras pessoas possam cumprir suas missões. Nossa missão nunca está e nunca estará completa; a vida e o conhecimento estão em constante evolução e exigem o mesmo de nós. Somos seres efêmeros em busca de felicidade e compreensão perfeitas que jamais receberemos, pois não existem neste plano. Aceitar as imperfeições e a transformação constante é aceitar nossa natureza real.

Como indivíduos que são pais e mães, devemos nos preparar para cuidar de nossas famílias, interagir com outras pessoas e viver em equilíbrio e harmonia. Dedique-se a fomentar boas energias em sua vida e na de sua família: dê o primeiro passo, perdoe os erros alheios e peça perdão pelos seus, não faça mal aos outros – não por imposição religiosa, mas para não contaminar a si mesmo com a mancha de atos vergonhosos. Guardar sentimentos ruins gera psicossomatização: seu organismo libera toxinas que lhe fazem mal e afetam sua saúde física. Se você opta pelo caminho contrário e abre mão dos sentimentos ruins por meio do perdão, isso irá liberar endorfinas em seu organismo, o que lhe fará se sentir bem, e você se livrará de um problema que atuaria como peso morto em sua mente, abrindo espaço para coisas melhores.

Faça sua mente agir a seu favor e cure o desânimo, o medo, a covardia que confinam suas potencialidades. Busque enxergar a realidade como ela é, os problemas do tamanho que eles são e qual a sua responsabilidade sobre eles. A felicidade é um processo interno: busque dentro de você o que lhe faz feliz. Busque o bem para si mesmo antes de estender essa cortesia aos outros. E lembre-se de que o altruísmo ajuda as duas pontas: a pessoa que é ajudada e aquela que está prestando o auxílio.

Para isso, é necessário parar para refletir. Se achar necessário, faça anotações dos seus erros e/ou acertos, do comportamento das pessoas ao seu redor, em que momento sentiu angústia, raiva, alegria, ou outro sentimento que tivesse ligação com as ações do outro, procure pelo sentimento de empatia para se religar com o outro e talvez consiga enxergar como pode ser melhor para você e para o próximo.

Capítulo 2

Como sua mente atua

Sua mente é o seu motor, mas também pode ser sua âncora. Aprenda a libertar o poder de sua mente e veja os obstáculos serem removidos.

O cérebro ainda é o órgão mais incompreendido do corpo humano – infelizmente, ainda não temos o mapa da mina para comandá-lo como quisermos. O que podemos fazer nesse sentido é comandar nossos pensamentos.

É importante não nos deixarmos contaminar por pensamentos e sentimentos ruins. Guardar mágoa, desejar mal aos outros, sentir inveja de suas realizações são sentimentos naturais; o que não podemos é permitir que eles nos dominem e ditem como vamos levar nossa vida, pois, partindo de uma base assim negativa, dificilmente chegaremos a um lugar bom. Respire fundo, retire de seu corpo essa energia ruim junto com o ar expelido e retorne ao seu equilíbrio, sua vontade de viver bem sua vida. Controle seus pensamentos e ajude sua mente a lhe conduzir aos resultados que deseja. Apegue-se a quem lhe traz o bem e desperta em você apenas coisas boas.

Seja você mesmo um elo de luz na sua vida e na dos que estão ao seu redor; plante as sementes dos bons frutos que deseja colher mais tarde.

Capítulo 3

Felicidade tem preço?

A felicidade e como podemos multiplicar os momentos felizes em nossas vidas.

A felicidade é quimicamente efêmera. O bem-estar que sentimos em nosso organismo é causado pela atuação de quatro substâncias químicas liberadas naturalmente: endorfina, serotonina, dopamina e oxitocina. Cada uma delas tem uma função específica e, uma vez que desempenhou essa função, deixa de circular pelo organismo. Alguns organismos sofrem de um desequilíbrio químico que impede a produção ou dificulta a absorção dessas substâncias, gerando o que conhecemos como depressão.

Como a felicidade é efêmera no melhor dos casos, com tudo funcionando bem, é impossível sermos felizes o tempo todo. Isso não representaria o equilíbrio que a natureza tem em todas as suas facetas. Entretanto, nossa sociedade nos empurra em uma busca desenfreada pela felicidade "para sempre", o tempo todo, seja nos contos de fadas, nas novelas ou nos filmes. Essa busca por um ideal inalcançável pode afetar de modo muito negativo nossa vida, se assim o permitirmos. Quando agimos de forma imediatista, pensando apenas nos prazeres que podemos obter (prazeres esses que podem ser carnais, financeiros ou de status) sem pensar nas consequências de nossos atos, convidamos à nossa vida as frustrações, o sentimento de fracasso e a tristeza.

> É preciso compreender que a felicidade não pode ser comprada.

As imagens que recebemos da mídia como protótipo da felicidade, a de uma família grande, unida, sorridente, feliz e próspera, convivendo em harmonia com a natureza e sem pressa para nada, nos incentivam a buscar isso através do consumo. Todos queremos esse ideal idílico, obviamente; nem todos podemos alcançá-lo, obviamente. Quando absorvemos essa imagem como o ponto onde deveríamos estar, contudo, o que é óbvio deixa de ser óbvio e começamos a nos cobrar pelo "fracasso" de não evoluirmos. Isso só gera mais frustração, isolamento e estresse. E não é consumindo que sairemos desse impasse.

É preciso compreender que a felicidade não pode ser comprada. Ela só existe em momentos que não têm preço; momentos de convivência, de entrega, de conexão consigo mesmo, com sua própria essência e com a de outras pessoas. Se você quiser aumentar a frequência desses momentos em sua própria vida, vai precisar mudar seus hábitos, e não os de consumo: se abra ao mundo e às pessoas, viva com sinceridade, intensidade e sentimento. Pare de procurar fora de você o que está dentro. Tente ser feliz com o que você já tem.

Capítulo 4

Relacionamentos

Relacionamentos, como tudo o que vale a pena nessa vida, exigem empenho e atenção contínuos. Faça a sua parte e construa a felicidade da sua família, tijolo a tijolo.

A impressão que temos é de que os relacionamentos atuais já nascem pensando em acabar: "se não der certo, a gente se separa e tudo bem". Quando vêm os filhos, a convivência se torna ainda mais desafiadora, pois todos nós somos muito diferentes, e essas diferenças ficam mais exacerbadas em momentos de cansaço e conflito, como ocorre com o nascimento dos filhos.

O que precisamos ter sempre em mente é que são as nossas diferenças que podem fazer o relacionamento funcionar. Os pontos que são fracos em você podem ser fortes no seu/ua parceiro/a, complementando a dinâmica da relação. Essas diferenças nos forçam a olhar no espelho e reconhecer nossos erros, nossas falhas, nossos próprios limites – e é só com uma visão clara desses limites que podemos aprender a conviver, no relacionamento e na sociedade. É necessário enxergar nossas falhas para podermos trabalhar nelas, evoluir como indivíduos e cultivar o próprio relacionamento numa reinvenção eterna.

Não permita que o estresse, os problemas financeiros ou as interferências externas prejudiquem seu relacionamento com aflições desnecessárias. Dar início a uma família é um passo a sério, que deve ser tomado de forma consciente; a partir do momento em que os filhos surgem, os pais têm que pensar sempre em como suas atitudes irão afetá-los. São novos indivíduos cuja sobrevivência e história dependem totalmente de vocês; não tratem isso com leviandade. Construir uma família e uma história de vida em conjunto é muito mais do que um relacionamento entre um casal, seja ele como for: é cuidar com amor e carinho da semente plantada para que ela gere bons frutos no futuro.

Permita-se ser feliz e fazer seu/sua companheiro/a feliz. Invista sua paciência, sua tolerância, sua boa vontade; aposte em mudanças benéficas para sua vida e a da sua família. Ninguém "nasceu assim e vai morrer assim"; todos nós aprendemos a ser como somos em algum momento e, se aprendemos, podemos desaprender e evoluir. Um bom relacionamento não é um ideal inatingível; é uma obra em construção que depende de seu esforço para se completar. Acredite na mudança positiva, concentre seu empenho no que pode ser melhorado e confie que o tempo lhe trará os bons resultados.

Capítulo 5

Mudanças

> A única coisa que se mantém constante na vida são suas transformações. Transforme-se com ela, adapte-se e evolua – é isso que a vida exige de nós, o tempo todo.

Quando o seu presente se parece muito com o seu passado, como se houvesse um ciclo de eventos que se repetisse continuamente em sua vida, este é um sinal de que existe uma lição a ser aprendida com esses eventos e que ainda não foi absorvida. Você se encontra preso a algo que está bloqueando sua evolução e seu aprendizado, complicando suas tarefas e projetos atuais. Seja por medo, preocupação, frustração ou desânimo, é fundamental que essa bagagem seja retirada de seus ombros para que você possa seguir adiante em seu caminho.

Mark Twain disse que "só existe uma coisa acerca do passado que vale a pena lembrarmos: o fato de que ele já passou". Não se lamente sobre o que poderia ter sido, não idealize os bons tempos, não se concentre em um ponto da vida pensando que era feliz e não sabia. Adivinha só? Você poderia estar feliz agora mesmo e saber disso, em vez de voltar sua energia para o passado! O momento mais importante é o agora, pois é apenas dele que dispomos. É no presente que devemos concentrar nossas energias; é aqui que plantaremos e construiremos nossos sonhos. Também é aqui que podemos resolver as angústias que o passado ou o futuro nos causam. Não arraste consigo pesos desnecessários; essas pendências só atrasam sua jornada e seu desenvolvimento. Aceitação, perdão, superação devem ser aplicados amplamente, seja a si mesmo, seja ao próximo.

E para evitar que as decisões de hoje germinem em sofrimento no futuro, pese bem as escolhas que fará. Aprenda a considerar as consequências de seus atos antes de cometê-los, não quando elas baterem à sua porta; enxergue a realidade com clareza para poder trabalhar com ela na busca pela felicidade. Cada um recebe de acordo com suas escolhas, sua ousadia e seu empenho; conclua cada etapa que tenha se disposto a enfrentar, sem medo nem recriminações internas. Os frutos serão todos seus.

Capítulo 6

Surpresas

Nosso futuro é uma caixinha de surpresas. Desenvolva sua resiliência e aprenda a superar os obstáculos que a vida jogar no seu caminho.

Se há uma coisa para a qual devemos estar sempre preparados é para o surgimento de imprevistos. Nem sempre as coisas dão certo como esperamos; às vezes, até chegamos lá, mas por caminhos inesperados. Por isso mesmo é importante estarmos prontos para as surpresas, sendo flexíveis, resilientes, adaptáveis.

Seus planos deram errado? Não desanime nem desista; adapte-se, supere, recomece. Organize-se, identifique onde reside o obstáculo, corrija o que for necessário. Tenha a clareza e a humildade de admitir quando a falha for sua; aceite, corrija e siga em frente. Vá até onde puder e se esforce para levar esse ponto cada dia mais longe.

Outro passo importante é conhecer até onde você pode chegar. Para ultrapassar esse limite, você precisa antes saber onde você está no momento. Depois disso, estenda a mão, peça ajuda; não há vergonha em admitir que nem sempre é possível fazer tudo sozinho. Sonhar demais não é pecado; pecado é insistir nos seus próprios erros.

Recomece quantas vezes for preciso. Volte à origem sempre que se sentir perdido; afinal, qual é o melhor ponto para descobrir onde o problema começou? E se você já não se lembrar mais qual foi o seu ponto de origem, crie um novo. Todas as informações de que você precisa estão guardadas em seu subconsciente; abra sua mente e a solução vai aparecer. Tenha a coragem de enfrentar suas dificuldades de frente e descubra que você tem a solução para os obstáculos que vem enfrentando.

Para fazer a mudança interior, basta isto: coragem e iniciativa.

Capítulo 7

Definitivamente indefinido

O futuro pode ser incerto, mas uma coisa é certa: para que ele seja melhor do que o presente, você precisa tomar as rédeas da sua vida e mudar de atitude.

Chico Xavier contava uma história cuja lição fundamental era: tudo passa. O que for ruim vai passar e você vai superar; o que for bom também vai passar, deixando apenas lembranças. O que temos de mais definitivo é o fato imutável de que tudo passa e tudo muda; nossa vida é feita de momentos que escolhemos eternizar (ou não) em nossas mentes e corações.

Certo dia, ao entrar na escola, me deparei com uma colega de trabalho com um semblante muito entristecido. Não resisti e lhe perguntei o que havia de errado. Ela me disse: "Tá tudo errado na minha vida". Eu pensei que isso era abrangente demais, não era possível. Chamei-a então para uma conversa, e comecei perguntando: o que você considera que está errado? Ela respondeu que seu casamento estava muito ruim. Eu rebati: e o trabalho? A resposta foi espontânea e acompanhada de um sorriso: "não, aqui eu me sinto feliz. Eu amo meu trabalho". Fiquei em silêncio alguns segundos e falei: então alguma coisa vai bem na sua vida, né? Ela concordou com a cabeça e eu lhe pedi para que repensasse aquilo que me disse, pois ela estava fazendo uma afirmação para si mesma de que estava tudo errado, quando, na verdade, era apenas uma área com problemas. Comecei a lhe falar sobre como eu a via no trabalho: uma pessoa sorridente, de bem com a vida, sempre trabalhando com dedicação e carinho. Apontei todas as coisas boas que ela fazia e repeti para ela a frase do Mestre: tudo passa. Não fique se martirizando e reflita sobre as coisas que estão dando errado. Você é a única responsável por mudar a sua própria história e construir a sua felicidade. Ela saiu da minha sala agradecendo, dizendo que pensaria melhor em sua vida.

Fiquei analisando a primeira frase que ela me disse e pensando como é bem isso o que fazemos: transformamos em uma afirmação definitiva algo que sabemos ser passageiro. Temos apenas a certeza do hoje, nunca do amanhã e de como as coisas vão se desenrolar ou até se estaremos aqui para continuar escrevendo nossa história. O único fato definitivo e inescapável em nossa vida é a morte; o resto é negociável.

Por tudo ser negociável, deveríamos abraçar o caráter transitório de nossas vidas e aprender a abandonar velhos hábitos, velhas atitudes, todos os costumes que já não nos servem mais. É fácil seguir reclamando do trabalho exaustivo, em vez de nos lembrarmos de expressar nossa gratidão por termos um emprego; reclamando de ter que limpar a casa, quando tantos não têm um teto; reclamando da família que não dá sossego, quando tantos dariam tudo para ter pais ou filhos queridos de volta. É preciso tomar consciência de que tudo na vida é efêmero, inclusive a própria vida. Aproveite que nada é escrito em pedra e tome as rédeas da sua vida: escreva sua história como gostaria que ela fosse contada. Siga em frente. Continue a nadar!

Capítulo 8

Ser feliz sozinho

Buscar a realização e o aprimoramento pessoal é diferente de buscar a felicidade. Entender isso é um dos primeiros passos para ser feliz de verdade.

Essa é uma das afirmações e/ou recomendações que mais se vê pelas redes sociais. É uma missão difícil; para alguns, impossível. Talvez o problema esteja na parte do "feliz".

A felicidade é um objetivo que está sempre mais adiante; raramente percebemos quando estamos em um momento feliz. Apenas em retrospecto nos damos conta de que aquilo era a felicidade. Assim, o que devemos buscar não é "sermos felizes" sozinhos; o que nos cabe é procurar estar sempre em evolução, sempre melhorando, sempre aprimorando o que somos e como pensamos. Através dessa transformação constante, podemos nos dar por satisfeitos com nossa atitude e nos sentirmos em paz com nosso próprio eu. Você precisa, afinal de contas, conviver bem consigo mesmo para poder estender a mesma possibilidade de contentamento e paz às outras pessoas com quem convive.

Porque é inevitável: nós somos seres sociais e, ainda que estejamos sozinhos em alguns momentos de nossa caminhada, é muito mais comum que estejamos com um/a parceiro/a ou procurando alguém para ocupar essa "vaga". O essencial aqui é compreender que essa pessoa pode funcionar como alguém complementar a você nas tarefas e na convivência cotidiana, cobrindo com suas características os pontos que você tende a não enxergar; entretanto, isso não faz dela uma parte de você. O que existe é uma parceria, uma relação de troca na qual você e a outra pessoa oferecem o que têm de bom, tudo para que o relacionamento funcione, se aprofunde e seja duradouro e feliz.

> Atravessar as intempéries dessa vida fica muito mais fácil quando existe alguém do seu lado para segurar sua mão; busque ser as duas coisas, procurar a ajuda de seu/sua parceiro/a quando precisar e ser o porto seguro para ele/a quando ele/a precisar.

Para chegar nesse ponto, é preciso cultivar em você mesmo essas características boas, buscar sempre se aperfeiçoar e exercer o máximo de honestidade possível ao lidar com suas próprias limitações. Entenda quem você é e compreenda que a pessoa que está ao seu lado, sendo seu apoio, também conta com você para ser o apoio dela. Atravessar as intempéries dessa vida fica muito mais fácil quando existe alguém do seu lado para segurar sua mão; busque ser as duas coisas, procurar a ajuda de seu/sua parceiro/a quando precisar e ser o porto seguro para ele/a quando ele/a precisar.

Como toda jornada, a vida fica muito mais fácil quando é feita com companhia. Seja a companhia que você gostaria de ter durante essa viagem e plante mais felicidade no mundo.

Capítulo 9

Como nos tornamos vulneráveis ao mundo?

O que nos conecta a este mundo? Como podemos usar isso para melhorar o que existe ao nosso redor?

A vida sempre será o que fizermos dela: céu ou inferno, isso será resultado direto de nossas ações e escolhas.

O céu tem o tamanho de nossa caridade, do amor que doamos aos outros, da compaixão que sentimos e exercemos, da mão que estendemos ao próximo. O inferno é o acúmulo de nosso egocentrismo, inveja, ódio e sentimentos negativos. Dessa forma, se você se encontra infeliz, mas não tem nenhum motivo óbvio para isso – nenhum sofrimento inevitável, nenhuma causa externa –, talvez seja o momento de se voltar para dentro e analisar o quanto você está em contato com sua essência humana.

Qual foi a última vez que você ajudou ao seu semelhante? Quando você estendeu um ombro a um amigo ou colega necessitado? Quando foi a última vez que você se sentiu realmente conectado com alguém, prestando atenção à conversa e mais ouvindo do que falando de seus problemas? Quanto tempo faz que você não tem contato com a natureza, seja em uma praia, um bosque ou mesmo caminhando na grama?

É preciso compreender, do fundo da alma, que estamos aqui apenas de passagem. Nossa conexão com a natureza e com nossos semelhantes é o que nos ancora ao presente, nos ajudando a lidar melhor com ansiedades em relação ao futuro e a superar angústias do passado. Utilize seus cinco sentidos para se orientar e evoluir. Conecte-se ao mundo ao seu redor, à essência em seu interior, às pessoas de sua família. Agradeça às forças superiores por essa energia que o acompanha em todos os momentos.

O mundo é nosso e é imenso demais para querer tudo só para si; compartilhe e descubra que as coisas boas, quando compartilhadas, se multiplicam. As oportunidades para evoluir e melhorar estão em todo lugar; arrisque-se, tente, vá mais além. Vá com calma e um passo de cada vez; o equilíbrio entre a ousadia de ir e a calma para planejar cada passo para chegar lá é o que vai te levar ao sucesso.

Capítulo 10

O amor: uma procura eterna

> Aprenda a semear o amor sempre, sem esperar pela colheita.

A busca pelo amor é uma das maiores fontes de ansiedade para a humanidade. Todos os dias vemos pessoas infelizes reclamando da falta de amor – seja por parte dos cônjuges, dos filhos, dos irmãos ou dos amigos. Quem procura em vão pelo amor sente sua falta constante e sofre, inclusive dores físicas. O corpo manifesta o que seu estado emocional sente.

O maior amor que podemos dar é aquele que dedicamos a nós mesmos. Como tudo na vida, isso pode descair para o exagero e aí temos pessoas egocêntricas, que só enxergam os outros como coadjuvantes em sua própria história. Como dizia o filósofo, o caminho do meio é o caminho da sabedoria; busque o equilíbrio e saiba se aceitar, com seus defeitos e qualidades, amando a criatura de amor divino que você é – mas saiba também reconhecer que os outros também são compostos da mesma poeira do universo, e merecem o mesmo respeito e compaixão que você deseja receber.

Perceber o outro como um indivíduo independente é ainda mais complicado quando isso se mistura ao amor incondicional de mãe ou de pai. As pessoas esperam receber amor incondicional dos filhos em troca, mas se esquecem de que esse sentimento deve ser cultivado. Também se esquecem de que, mesmo com o amor incondicional que sentem pelos pais, os filhos inevitavelmente seguirão sua vida e buscarão a própria independência, tomarão suas próprias decisões e amarão outras pessoas.

> Por isso, minha resposta àqueles que estão buscando desesperadamente o amor vindo de outras pessoas é simples: pare de procurar receber amor e procure dar amor.

É necessário ter a consciência de que, apesar de o amor ser um sentimento real (ou seja, ele existe, de fato), esse sentimento é altamente idealizado pelo ser humano. Somos criaturas falhas, egocêntricas, às vezes meio míopes; não enxergamos respostas que estão debaixo de nossos narizes. Por isso, minha resposta àqueles que estão buscando desesperadamente o amor vindo de outras pessoas é simples: pare de procurar receber amor e procure dar amor. Distribua conforto nas horas difíceis, compreensão para as dores alheias, troque afeto com as pessoas ao seu redor, ofereça o ombro para aqueles que buscam consolo, ofereça o ouvido para quem busca conselho, comemore com sinceridade quando amigos e parentes alcançarem vitórias e sucessos.

Em nenhuma outra área da vida se aplica com mais propriedade o dito "é dando que se recebe". Com o amor é exatamente assim: quanto mais você divide com as pessoas ao seu redor, mais você receberá de volta. Amor é um sentimento livre e generoso; distribua em sua vida assim mesmo, de forma generosa e livre, e veja como você mesmo se sentirá mais leve e feliz!

Capítulo 11

Nunca é tarde demais

Nossa vida é feita de momentos fugazes. Não se apegue à idade cronológica ou a um momento específico em sua vida para desistir de seus sonhos – o momento de renovar e persistir é agora!

É comum termos a impressão de que o tempo está passando depressa demais. Horas, dias, meses e anos voam por nós numa velocidade impressionante, deixando tudo para trás – inclusive algumas esperanças. Essa percepção da passagem veloz do tempo e a consciência de nossas próprias necessidades ainda sem solução frequentemente geram frustração. É quando nos flagramos pensando ou dizendo que "não dá mais tempo", "já passou", "agora é tarde"... Essas são expressões típicas de quem acha que seus sonhos ficaram pela estrada.

Nossos desejos revelam nossas necessidades mais profundas, sejam as de longo prazo ou aquelas mais urgentes. A realização ou a possibilidade de realização de nossos desejos é um fator crucial para a saúde emocional. E é exatamente por isso que não podemos jamais abrir mão de lutar pelo que queremos.

Nunca é tarde para entrar nesse combate, e tampouco para acreditar na possibilidade de mudança e renovação. O tempo é um conceito relativo; note como os mais velhos sempre olham para os mais novos comentando algo como "se eu tivesse a sua idade, eu..." – e isso independentemente de se a pessoa a quem se dirigem tem 20, 30, 40 ou 50 anos. Porque, quando se chega na terceira idade, enxerga-se que é possível recomeçar a qualquer momento, em qualquer ponto da vida. Entretanto, alguns aplicam esse princípio apenas aos outros ("se eu tivesse a sua idade", por exemplo, é uma desculpa; se você acredita que pode mudar sua vida aos 30, 40, 50, por que não poderia aos 70?), enquanto outros levam essa máxima para a prática. São essas pessoas que chegam aos noticiários quando realizam seus sonhos: septuagenários entrando na faculdade de direito, como sempre quiseram; casais em que ambos estão com oitenta, noventa anos e se reencontraram depois de uma vida separados; cada vez mais, aposentados que resolvem buscar sua paixão na terceira idade, seja ela um hobby, um novo amor, um aprendizado.

Exemplos não nos faltam de que a vida é uma maratona permanente, que premia aqueles que não desistem no meio do caminho. Somos todos parceiros nessa caminhada e no esforço para superar nossas dificuldades. Confie em você e confie na mão que se estenderá no momento oportuno. Persevere, levante a cabeça, tente mais uma vez, tente outra abordagem, tente em outro lugar. Mas tente.

Capítulo 12

Conflitos com filhos adolescentes

O conflito entre pais e filhos é natural e parte do desenvolvimento de cada um; não se entregue ao desespero e não ceda às agressões. Coloque-se à disposição para o diálogo e ele acabará acontecendo.

Eles crescem, as roupas encolhem; algumas vezes se enchem de arrogância e agressividade, os hormônios em turbilhão. Querem ser donos do próprio nariz, mas, ao mesmo tempo, querem que os pais resolvam suas necessidades básicas. Querem liberdade da família, mas desenvolvem uma codependência do grupo de amigos, que são sua referência para tudo.

A adolescência é esse período fértil em contradições, contestações e desejo de autonomia. Os pais têm consciência de que seu filho ou sua filha obviamente ainda não tem maturidade para ficar solto no mundo; o filho ou filha, por sua vez, quer tomar as próprias decisões e assumir as rédeas de sua vida, na plena certeza de que "já sabe tudo o que precisa saber". Esse conflito básico entre a necessidade de proteção e a necessidade de independência, junto com as mudanças que vêm com o período, é a fonte das brigas e disputas entre os adultos e adolescentes da família.

Fundamental para todos é não perder o foco e não se entregar ao desespero, achando que nada disso tem solução. A maioria dessas questões vem das tentativas do adolescente de se autoafirmar como indivíduo, inserindo-se socialmente em um grupo e provando-se capaz de obter as próprias conquistas. Adolescentes se encontram nessa terra de ninguém entre a infância e a adolescência, numa jornada de descoberta sobre quem são, seus valores, suas crenças e como eles se relacionam com o mundo ao seu redor. E o sofrimento pelo qual passam nesse processo de amadurecimento acaba se exteriorizando em agressão, angústia, desafio à autoridade.

Pais, não se desesperem. Claro que é mais fácil pedir paciência do que praticar essa virtude; no entanto, o papel dos pais e mães nesse momento de transição é ser o porto seguro de que os filhos precisam, acompanhando de perto o desenvolvimento deles e orientando sempre que necessário. Não tenha medo de podar a liberdade de seu filho, caso sinta que ele está se excedendo; mantenha sempre aberta a linha de diálogo, converse com o adolescente, apresente seus motivos, mas, no final, imponha suas regras. Crescer e amadurecer acontecerá, independentemente de nossa vontade. Para que isso ocorra de maneira sadia e confiante, precisamos nos manter atentos às necessidades de nossos filhos, mesmo quando isso vai contra o que eles mesmos acreditam ser o melhor para si.

Capítulo 13

Amor e autoestima

> Aceitar as próprias imperfeições é o primeiro passo para amar a si mesmo. Apenas amando a si mesmo o indivíduo poderá amar o seu próximo.

A busca pelo amor não termina apenas porque você encontrou um/a companheiro/a. A humanidade é insegura e egoísta, uma combinação péssima que nos leva a duvidar com frequência do que temos. Meu casamento é uma parceria amorosa ou estamos juntos por costume? Estou recebendo amor na proporção em que estou dando? Estou sozinho agora porque escolhi ou porque não mereço alguém?

Esse tipo de questionamento traz à tona um problema muito comum: a falta de autoestima. As pessoas estão tão presas à ideia de que precisam estar com alguém para se sentirem aceitas que relacionam diretamente seu valor ao fato de terem ou não um/a parceiro/a. Muitas vezes isso não é consciente; é uma sensação que está enterrada no fundo do subconsciente, mas que resiste e incomoda, sempre surgindo para assombrar as pessoas. É um dos principais motivos pelos quais pessoas que em outras áreas de suas vidas se mostram fortes e decididas aceitam maus-tratos, indiferença, palavras grosseiras, traições e comportamentos inadequados – elas sentem que não devem abandonar esse relacionamento, por pior que esteja, pois quem garante que haverá outro? Que surgirá uma pessoa melhor, que a tratará como ela deseja? Será que não é ela quem está querendo demais?

Para sairmos dessa situação emocional pantanosa, será preciso, antes de tudo, aceitação. Aceitar que você pode não ser perfeito, mas ninguém é; aceitar que a felicidade deve vir, antes de mais nada, de dentro de você mesmo; e aceitar, também, principalmente, que a felicidade é um estado transitório e fugaz, resultado de substâncias produzidas pelo nosso próprio corpo. Ou seja: em última análise, sim, somos nós mesmos os responsáveis pela nossa felicidade. A pessoa ao nosso lado deve ser aquela que compõe nossa felicidade, assim como nós mesmos devemos ser um fato extra de felicidade para ela.

> Ser feliz é espalhar o amor em toda a sua plenitude, levar sorrisos por onde passar, aprofundar suas relações e descobrir em si mesmo as qualidades da serenidade, da maturidade e da paz consigo mesmo e com todos ao seu redor.

Além disso, também devemos aprender a valorizar outros amores além do sexual: o amor que recebemos de nossos pais, de nossos amigos, irmãos e irmãs, todo esse amor alimenta a nossa alma e nos conecta à nossa essência real. Abra mão de sentimentos negativos, como o ciúme, a posse, o egocentrismo, e concentre-se em trazer coisas boas para a sua vida e a daqueles próximos a você.

Ser feliz é espalhar o amor em toda a sua plenitude, levar sorrisos por onde passar, aprofundar suas relações e descobrir em si mesmo as qualidades da serenidade, da maturidade e da paz consigo mesmo e com todos ao seu redor. Ame muito, ame de verdade – a você mesmo e aos outros –, e receberá sempre em dobro o que semear pelo mundo!

Capítulo 14

Gratidão

Conseguir enxergar suas próprias bênçãos é um modo de multiplicá-las.
Pratique essa habilidade e ensine seus filhos a praticá-la também.

Esse é um sentimento que todos devemos cultivar, pois faz bem a quem dá e a quem recebe.

O fato de estarmos neste mundo com oportunidades para melhorar e crescer, para corrigir os erros que cometemos até o momento, de termos a vida e pessoas de quem gostamos ao nosso redor, tudo isso é um bom motivo para a gratidão. Sim, a vida exige esforço e sacrifícios. Sim, os bons momentos são efêmeros e, às vezes, passam rápido. Mas essas coisas fazem parte do ciclo natural da vida; se você tem a chance de continuar lutando, de continuar buscando bons momentos, de continuar construindo uma vida melhor... parabéns, você é um privilegiado e tem motivos de sobra para ser grato! Você teve bons momentos, você obteve conquistas e certamente obterá muitas mais.

Nada é eterno, nem o sofrimento nem as alegrias; assim, encontre seu ponto de equilíbrio e aprenda a dar valor às coisas como elas são, no momento em que acontecem. Seja otimista e proativo: espere o melhor e faça tudo para que ele ocorra. Pratique a sabedoria de se reinventar todos os dias, colocando mais vida em cada instante, aumentando a intensidade com que se lança aos desafios. Não procure culpados pelos momentos ruins; procure a solução e siga em frente, sem questionar a possibilidade de sucesso.

A gratidão é uma virtude a ser desenvolvida diariamente, continuamente. Você é um dos pináculos da criação divina; aceite essa honra com alegria e reconhecimento!

Capítulo 15

Conflitos e aprendizado

> Interprete os momentos de conflito como oportunidades para aprendizagem e crescimento pessoal.

A educação é construída sobre a base da convivência. Dessa forma, a maneira como vivemos vai determinar também o modo como educamos.

Segundo Humberto Maturana, um dos maiores teóricos do conhecimento sistêmico e da educação, "a aceitação do outro como legítimo na relação constitui uma garantia de aceitar-se a si mesmo, no sentido de que todos se aceitem e respeitem dentro de uma sociedade".

A premissa de educar para a autoaceitação não é complicada de seguir. O fundamental é que, em sua intervenção, o professor promova um ajuste das relações e partícipe do processo com afetividade. Para que consigamos um mundo em que as crianças cresçam e se tornem adultos que se aceitam e que respeitam os outros como eles são, precisamos educá-las assim.

Os conflitos não são algo necessariamente negativo em sala de aula, uma vez que sejam encarados como oportunidades para desenvolver a personalidade e o caráter. Nosso primeiro engano é tratar a paz como a ausência de conflito; isso não é real. É o conflito que nos move, que nos faz evoluir. A discordância é necessária. O que é negativo é a intolerância; educar para a discussão faz parte desse processo evolutivo. Muitas pesquisas atuais mostram como o professor se sente afetado nesse cenário. Em uma delas, 47% dos professores pesquisados disseram dedicar entre 21 e 40% de seu dia a problemas de disciplina. Em outras palavras: para o professor, os conflitos são vistos como algo nocivo, quando poderiam ser oportunidades de aprendizado.

A gestão produtiva dos conflitos pressupõe uma mudança nas regras da sala de aula e da forma como essas regras são determinadas. Os conflitos devem fazer o professor refletir sobre suas práticas educativas, o modo como organiza suas atividades, suas estratégias, a metodologia de suas aulas e sua proximidade com os alunos. Ainda que declarem acreditar que a forma mais adequada para a resolução de conflitos passa pelo diálogo, muitos professores não se sentem preparados para mediar conflitos entre os alunos, principalmente aqueles que exibem um grau elevado de intolerância.

Não podemos nos esquecer de que conflitos fazem parte da convivência. Afinal de contas, crianças e jovens muitas vezes carecem apenas de atenção, de alguém que lhes diga o quanto eles são importantes e demonstre que existe alguém que se preocupa com eles. Todos nós, adultos presentes no ambiente escolar, deveríamos desenvolver competências para lidar com os alunos mais problemáticos, principalmente os que carregam consigo esse vazio emocional, surgido no seio da família. Todos nós precisamos ouvir que somos essenciais, que somos amados.

Não temos como realizar nosso trabalho, nem nenhum outro, sem envolver emoções. São justamente as trocas emocionais que acontecem durante o exercício da profissão de educador que possibilitam o crescimento das partes envolvidas. A ideia de que o professor precisa apenas dominar conteúdo específico de uma área do conhecimento está sendo derrubada pelo novo conceito de que o professor precisa saber ouvir e valorizar sua sensibilidade, olhar para o outro e para dentro de si ao mesmo tempo. Também é fundamental que possamos demonstrar carinho e afetividade sem forçar a situação, sem soar condescendentes ou paternalistas.

> O jeito como o processo educativo se desenrola hoje tende a exercer um efeito prejudicial sobre a sociedade. Não pelo excesso de indisciplina, mas sim por formar indivíduos que não sabem lidar com perspectivas diferentes das suas sem se sentirem ameaçados, gente que não sabe debater e argumentar ideias sem partir para a agressão pessoal, quanto mais explorar seus próprios sentimentos e ideias.

Um dos erros mais comuns no meio escolar é impor regras de ir modificando essas regras a cada conflito para tentar reduzir os problemas. O que passa despercebido é que, quando se tenta abafar o surgimento de conflitos através desses subterfúgios, o que se está impedindo, na realidade, é a aprendizagem. É por meio dos conflitos que se aprende, não apenas pela doutrinação do que é certo e errado.

O jeito como o processo educativo se desenrola hoje tende a exercer um efeito prejudicial sobre a sociedade. Não pelo excesso de indisciplina, mas sim por formar indivíduos que não sabem lidar com perspectivas diferentes das suas sem se sentirem ameaçados, gente que não sabe debater e argumentar ideias sem partir para a agressão pessoal, quanto mais explorar seus próprios sentimentos e ideias.

Encontramo-nos perante uma sociedade profundamente necessitada de uma educação humanizada a partir do próprio lar. Uma educação que desperte nas crianças e nos adultos a sensibilidade e o cuidado para com o outro e o meio em que vivem. Estabelecer um espaço de reflexão sobre as relações interpessoais, seja na família ou na escola, é estabelecer um espaço para o crescimento das relações humanas de modo geral. E nisso fica evidente a importância de a escola ser esse espaço de fomento para troca de ideias, exercício da democracia, divergências de opiniões e aprendizado colaborativo, em que o resultado é o crescimento mútuo dos participantes dessa caminhada, ampliando sua autonomia e tolerância.

E um dos principais objetivos da parceria Escola/Família é a formação de indivíduos moralmente autônomos. Portanto, terceirizar a resolução de conflitos que deveriam ser solucionados entre os envolvidos dentro da escola não contribui para que isso ocorra. É preciso compreender que a família é a primeira responsável pela formação do indivíduo social e afetivo, e a escola, sua extensão.

Assim, acolher os pais, ouvir suas reclamações e dificuldades, reconhecer o papel que eles desempenham e valorizá-los são partes cruciais no esforço para a formação de indivíduos sociais, morais e cooperativos. As duas instituições, Família e Escola, servirão como exemplo dessa organização emocional. Juntas, elas devem traçar estratégias e utilizar a mesma linguagem para orientar crianças e jovens em suas trajetórias.

Capítulo 16

Velhice x desprezo

A chegada da velhice é inevitável a todo ser humano. Precisamos incentivar a convivência e o aprendizado com os mais velhos, sempre com respeito e afeto.

O envelhecimento é um processo inerente a todos os seres vivos. Independentemente de nossa vontade, os anos se passam e nosso corpo se transforma, se fragiliza e se rebela contra nossos comandos. Com a terceira idade, chega também uma variedade de doenças que se manifestam em nosso organismo e criam entraves para a nossa independência e autonomia. É comum que idosos percam a mobilidade, a lucidez ou a saúde, quando não os três. E é nessa fase que voltamos à dependência da família, só que agora de nossos filhos e netos.

Essa situação de fragilidade e dependência pode, infelizmente, inspirar desprezo nos mais jovens, se estes não foram educados para desenvolver a empatia. Essa negatividade apenas se acumula a outros aspectos desagradáveis que surgem na terceira idade, como a perda de amigos e parentes contemporâneos, o saudosismo por tempos melhores, a diminuição do ritmo de vida, a redução da renda, a frustração com um corpo que já não acompanha mais nossos desejos.

Devemos ensinar nossas crianças e jovens a amar, respeitar e cuidar dos mais velhos não apenas por ser nossa obrigação como bons cidadãos, mas também porque esse é o destino de todos nós: a velhice pode parecer distante, mas chegará para todos. Devemos nos preparar para aceitar esse processo com graça, humildade e olhos abertos, estendendo a mão para aqueles que já chegaram a essa fase da vida, tratando-os com dignidade e carinho. Ninguém sabe por quanto tempo estará neste mundo, e a velhice, exatamente por ser um processo natural, não deve ser desprezada ou esquecida. Essas pessoas já foram tão ativas quanto eu e você somos agora; devemos pagar na mesma moeda o cuidado que eles tiveram conosco.

> Eduque pelo exemplo: seja você um voluntário e um bom filho e neto. Leve seus filhos com você quando for visitar parentes e amigos idosos.

Incentive seus filhos a serem voluntários em asilos, a visitarem idosos sem parentes, a estenderem a mão a quem precisa. Eduque pelo exemplo: seja você um voluntário e um bom filho e neto. Leve seus filhos com você quando for visitar parentes e amigos idosos. A alegria das crianças serve como um bálsamo para aqueles que se sentem isolados e ignorados pela sociedade. E, para quem estende a mão, a alegria é dobrada: você se sente bem por ter feito o bem, e tem a recompensa de saber que está criando uma nova geração que não perdeu o contato com suas raízes.

Os mais velhos têm muita coisa a ensinar, os mais novos têm muito a aprender. Facilite essa troca e aja como uma ponte entre as gerações.

Os principais impactados com a chegada do coronavírus foram os idosos, pois as primeiras informações dos infectologistas foram de que o vírus seria fatal para os idosos e, por isso, eles foram os primeiros a ter de cumprir o isolamento social e diminuir drasticamente o contato com as famílias, deixando de ver os filhos e netos, de ir a supermercados, hospitais, feiras, de passear pelas praças; mas, se consideramos que no Brasil o idoso é a pessoa acima de 60 anos para as mulheres e 65 para os homens, podemos perceber que muitos idosos estão bem de saúde, ainda na ativa, trabalhando e cumprindo com seus deveres sociais. Houve uma precaução acentuada, mas estamos lidando com a vida e não podemos contestar as autoridades no assunto. Nosso enfoque é de como é difícil chegar na velhice, porque o que não pode faltar é um olhar humano amoroso para quem já contribuiu tanto com a sociedade e tem tantas lições para ensinar.

Capítulo 17

Depressão

> Uma das doenças mais comuns da atualidade.
> Como identificá-la e que atitudes tomar.

A depressão é uma das doenças mais disseminadas no século XXI. Os consultórios psiquiátricos e psicológicos estão lotados com pessoas que sofrem desse mal – e, por ser uma moléstia mais da mente do que do corpo, já que não apresenta sintomas "visíveis", muita gente ainda menospreza sua existência e seu poder de destruição.

Difamada como "modismo", "doença de rico", "falta do que fazer" e até mesmo "falta de Deus", a verdade é que a depressão existe e afeta profundamente a vida daqueles que caem sob suas garras. Algumas pessoas começam a desenvolver sintomas após um fato traumático: um rompimento amoroso, a morte de um ente querido, a perda do emprego. Outras, contudo, carregam consigo um desequilíbrio na química do cérebro que dificulta a absorção das substâncias causadoras da sensação de bem-estar produzidas pelo corpo, como a dopamina e a serotonina.

Os efeitos da depressão são perceptíveis no comportamento: a pessoa tem um aumento drástico no nível de ansiedade, sente um desânimo ou indiferença com atividades que sempre lhe foram prazerosas, sua memória é afetada, surgem ao mesmo tempo a insônia e/ou uma sonolência constante, o apetite desaparece, há um aumento na irritabilidade, entre outros sintomas. Se você perceber o surgimento desses sinais em algum conhecido, converse com essa pessoa e tente convencê-la a buscar ajuda. Sem atenção médica, essa doença pode prejudicar muito a vida do paciente e até levá-lo à morte.

> Estenda a si mesma a compaixão que você oferece ao seu próximo: ninguém é perfeito, não exija isso de si mesmo.

Se você, leitor, se identificou com essa lista de sintomas, aconselhamos o mesmo: busque ajuda. Não ouça aquela voz em sua mente que lhe diz que você aguenta, que você vai passar por essa sozinho, que você precisa sair dessa sozinho. Ninguém é uma ilha, ninguém precisa lidar com seus problemas sem ajuda externa. Busque o contato com as pessoas amadas e tente enxergar a vida ao seu redor com clareza, sem uma interpretação pessimista.

Um conselho que muitos médicos passam é: se você sente que está entrando em um episódio depressivo, mas ainda tem disposição para atividades físicas, pratique algum esporte. Qualquer um. Pode inclusive não ser um esporte, apenas movimente seu corpo: dance, caminhe, medite. Conecte-se com o seu próprio eu e o mundo ao seu redor. Busque um ponto para ser seu porto seguro e atraque sempre que sentir necessidade.

Estenda a si mesma a compaixão que você oferece ao seu próximo: ninguém é perfeito, não exija isso de si mesmo. Às vezes o que importa não é a competência com que você executa suas tarefas, é somente a coragem e a disciplina, tentar e continuar tentando. O ser humano é falho; todos somos.

Valorize as pequenas coisas e encontre um motivo, por menor que seja, para ver algo de positivo e bom em seu dia. Da mesma forma, procure em si mesmo pequenas coisas de que goste e pelas quais sinta gratidão; aceite como você é para depois poder se amar.

Cada um de nós é uma parte insubstituível do universo, um milagre da natureza, criaturas autoconscientes compostas pela poeira das estrelas e passando por este mundo por um curto período. Cabe a nós encontrarmos nosso jeito para desfrutar da viagem.

Capítulo 18

Filhos de pais homoafetivos

A sociedade evoluiu para aceitar e incluir novos modelos de família, além do que considerávamos como "tradicional".

Com a maior liberação nos costumes, às vezes surge a dúvida de que pessoas do espectro LGBTQ+ tenham surgido agora, talvez porque "está na moda". Afinal de contas, "antigamente não se ouvia falar disso" – normalmente, essa frase vem com um tom pejorativo e saudosista. Bem... isso não é tão novidade assim.

Existem registros de grandes personagens históricos famosos homoafetivos. Um dos recortes históricos mais famosos sobre isso – retratado em pinturas e esculturas – ocorreu na Grécia Antiga, quando a homoafetividade entre jovens e homens mais velhos era considerada normal e havia uma função social. Há relatos históricos também em Roma e em outras culturas clássicas antigas. A sexualidade humana, em geral, passou por muitas mudanças ao longo dos séculos, libertária em alguns períodos e em certas culturas, e censurada em outros períodos.

No mundo de hoje, a sociedade tenta se desprender desses valores que causaram tanto mal e tanto preconceito. Ainda estamos engatinhando nesse processo, com muitos direitos ainda a serem conquistados para que os LGBTQ+ possam ser considerados detentores de direitos humanos iguais aos das pessoas heterossexuais. Um dos direitos que foram legalmente conquistados foi o da adoção por casais homoafetivos, ou seja, casais do mesmo sexo que assim o desejarem podem se candidatar a adotar uma criança no Brasil.

Antes de prosseguir, chamo aqui a atenção para qual alternativa aguarda as crianças órfãs que estão à espera de serem adotadas. Essas crianças estão em orfanatos, em quartos coletivos, sem a atenção e o cuidado que apenas uma família pode proporcionar. Elas recebem apenas o básico do Estado para sua sobrevivência: teto, roupa, comida. Todos sabemos que isso não é o suficiente para que uma pessoa possa desabrochar e atingir todo o seu potencial. Também sabemos que a adoção não é um costume no Brasil; por isso, a maioria dessas crianças ficará no sistema até alcançar a maioridade, principalmente aqueles que entraram para o orfanato um pouco mais velhos ou que tenham irmãos.

Sabendo disso tudo, como contestar o desejo dos casais homoafetivos de adotarem os filhos que a natureza não lhes dará? Vemos, repetidas vezes, exemplos de casais assim que criaram famílias estáveis e felizes, dando a crianças que se encontravam esquecidas pela sociedade uma chance de realizarem seus sonhos, aprendendo a dar e receber amor, respeito e dignidade.

Mesmo assim, é comum vermos os filhos desses casais sofrendo provocações ou até mesmo agressões na escola. Tudo porque as crianças reproduzem aquilo que veem em casa: ninguém nasce achando que amar é errado. Esse é um comportamento aprendido. Pais que não aceitam indivíduos com uma vida diferente da sua, uma visão diferente da sua, uma opção sexual diferente da sua, estão criando filhos que reproduzem essa postura antiquada e preconceituosa.

Para que a evolução da sociedade aconteça, a mudança deve partir de nós mesmos. Cada um de nós deve se empenhar para um comportamento respeitoso e consciente. O estilo de vida e a opção sexual das outras pessoas não deveriam afetar nosso julgamento sobre o caráter desse alguém; o que vale é o que elas são e como elas agem. Pratique a compreensão e a aceitação recomendados por Nosso Senhor Jesus Cristo. Amor não deveria ser uma palavra feia, seja de que forma ela vier – desde que, obviamente, exista consentimento dos envolvidos.

Analise sua postura, seus sentimentos, e veja se suas atitudes condizem com o que a maioria das fés propaga: Deus é amor, e ele nos aceita exatamente como somos, porque foi assim que ele nos criou.

Respeite e ensine seus filhos a respeitar todas as diferenças. Afinal, são elas que nos fazem indivíduos especiais, cada um como uma expressão única do amor de Deus!

Capítulo 19

Pequenos grandes artistas

Reconhecer a importância das artes para o ser humano e incentivar a produção artística infantil.

As artes acompanham nosso cotidiano desde os tempos mais primórdios. Ainda nas cavernas aprendemos a observar os acontecimentos ao nosso redor e registrá-los em desenhos nas paredes. A arte nos ajudou e contribui até hoje a compreender o mundo, nossa história e evolução como sociedade. Ela nos acompanha a cada passo, gravando cada transformação por que passamos em desenhos, dança, escrita e representação.

É partindo dessa premissa de observação e compreensão que as artes se inserem no ambiente escolar e podem contribuir para a construção de conhecimentos individuais desde a educação infantil. A produção das artes dentro do universo escolar traduz o sentimento de cada aluno, suas

> O estímulo do desenvolvimento da imaginação, da curiosidade, da autoexpressão, da cognição e da criatividade por meio da arte faz parte da interdisciplinaridade buscada pela pedagogia mais moderna.

interações com as atividades lúdicas fomentam seus valores, talentos e interesses individuais, fortalecem sua ligação com os companheiros de classe e a equipe acadêmica. Essa teoria é baseada em estudos de renomados especialistas educacionais e sua aplicação tem sido reconhecida como muito importante dentro das instituições de ensino. O estímulo do desenvolvimento da imaginação, da curiosidade, da autoexpressão, da cognição e da criatividade por meio da arte faz parte da interdisciplinaridade buscada pela pedagogia mais moderna.

O professor deve, antes de tudo, ser um pesquisador capaz de avaliar as diversas formas de aprendizagem disponíveis. Expressando suas próprias experiências, ele atuará como intermediário no reconhecimento de sentimentos, no enfrentamento das frustrações e conflitos para estabelecer uma relação segura e acolhedora com o aluno, onde ambos possam trabalhar as emoções de forma adequada.

Nessa lide com a arte, o aluno acaba estabelecendo conexões com outras disciplinas e construindo conhecimentos. Essa experiência o ajudará na solução de problemas, na construção de textos e lhe abrirá uma visão mais crítica em relação ao mundo em que vive. É com a arte que o aluno inicia sua produção, seja ela textual, imagética, musical ou teatral, expressando-se de várias formas. A arte atiça e constrói uma nova visão, uma escuta diferenciada, uma introdução para a compreensão diversificada das questões sociais.

A visão artística está presente em todas as rotinas sociais, fazendo com que o indivíduo pense e repense seu universo. Assim, ela está presente na geografia, na história, na filosofia, na literatura, na língua portuguesa, na matemática e nas ciências em geral; a arte se agrega à grade curricular e estimula a descoberta de outras habilidades. Com a arte, o aluno desenvolve o prazer em ver, ouvir e se expressar utilizando elementos internalizados de seu cotidiano, gerando resultados independentes.

A parceria entre arte e escola vem gerando bons frutos há décadas. Incontestavelmente, muitos alunos foram influenciados por escritores, atores, pintores e demais profissionais que lidam com o lúdico nesse universo tão rígido em que caminhamos. Incentivando o desenvolvimento artístico de nossos pequenos, podemos ver surgir excelentes trabalhos e uma maior compreensão de nossa própria história em todos. Com afeto e sensibilidade, essa parceria é uma das melhores armas da escola para encarar os desafios constantes de formar seres humanos mais plenos, em um contato mais direto e sincero com seu próprio eu e mais empatia com seu próximo.

Capítulo 20

A vida por um fio

Com a violência batendo à porta da escola, o que as instituições podem fazer para lidar com esse problema? Como orientar pais e alunos para resolver conflitos de forma pacífica?

Na última década, temos visto um crescimento na ocorrência de crimes violentos em escolas ou no ambiente ao redor dela. Essa onda de violência nos leva a refletir sobre quem seriam os maiores responsáveis: a sociedade, a família, o estímulo ao consumo, a facilidade de obter armamentos, a influência de indivíduos mal-intencionados pela internet ou simplesmente a falta de empatia que grassa em nosso mundo.

Infelizmente, a resposta é: tudo isso e mais um pouco. Para cada agressor, o coquetel de motivos é diferente; portanto, não existe uma solução mágica para evitar que essas tragédias se repitam. O que podemos fazer é zelar pela parte que nos cabe, como pais e educadores: guiar nossos pequenos, servindo de exemplo, disseminando bons valores, ensinando o caminho da justiça, da compaixão e da caridade.

Acredito firmemente que está em nossas mãos acompanhar nossos filhos em todas as idades, enxergando-os como indivíduos dotados de autonomia e pensamentos próprios, mas cujas atitudes podem, definitivamente, ser moldadas pelo exemplo que veem praticado em casa e pela forma como são acolhidos em suas comunidades, inclusive a escolar. Por isso mesmo é tão importante cultivar o diálogo e a compreensão; não podemos fugir de nossas falhas e responsabilidades, mas, se formos capazes de reconhecer e aprender com nossos erros, corrigindo-os, estaremos ensinando a nossos filhos e alunos que errar faz parte da experiência humana e que eles não devem temer se aproximar de nós com suas falhas. Censurar e corrigir também faz parte do aprendizado, parte que não deveria ser evitada ou renegada, pois é importantíssima para o desenvolvimento da noção de certo e errado na criança e no adolescente.

Acompanhando seu filho de perto, será possível notar qualquer mudança em seu comportamento – se ele está guardando mágoas, se está cultivando a própria agressividade, se está concentrando sua indignação e revolta em um foco que não faz ideia do que está acontecendo. Acompanhando seu filho de perto, os pais podem ser informados pela própria criança ou adolescente se ele está se sentindo perseguido, sofrendo bullying, se está preocupado com agressões ou mesmo sendo agredido por colegas de escola. Esse é o papel dos pais: acompanhar, orientar, conversar, indicar o caminho.

À escola compete cuidar e educar essas crianças e adolescentes, ao mesmo tempo que se garante o bem-estar de todos. Por isso, o educador deve lidar rapidamente com situações de conflito; se o conflito se agravou para agressão, a velocidade e a severidade da punição devem ser maiores. Estimule o diálogo, mas não deixe que essa predisposição degringole para a permissividade. Quando um agressor não é punido, outros indivíduos se sentem estimulados e incentivados – a equipe os está protegendo, afinal. Enquanto isso, os alunos que foram vítimas percebem que não receberão ajuda da equipe e deixam de denunciar perseguições. A escola precisa seguir o caminho do meio, equilibrando-se entre a posição mais justa para todos e a compreensão de que esses indivíduos ainda estão em formação e precisam mais de orientação do que de punição.

É preciso compreender que o adolescente passa por uma fase de rebeldia e autoafirmação, e nessa fase é comum que ele cometa atos impensados para tentar provar sua individualidade e sua "incorreção política". Entretanto, também precisamos pensar em quem foi alvo dessas brincadeiras desagradáveis e imaturas – temos ali outro adolescente, que também tem suas próprias dores e dúvidas, e a quem devemos tanto amparo quanto ao primeiro.

Esse equilíbrio é uma das coisas mais difíceis de alcançar, mas não podemos perdê-lo de vista jamais. No final, é de nós, adultos, que esses jovens dependem para aprender a se comportar em sociedade. Se reclamamos dessa nova geração, desrespeitosa, agressiva e mimada, devemos, antes de tudo, nos questionar em que ponto falhamos na educação deles.

Nosso dever como pais e educadores é criar uma geração de cidadãos plenos, indivíduos autônomos e independentes, compassivos e justos, que se empenhem para buscar um mundo melhor, assim como nós fizemos (e continuamos fazendo). Precisamos olhar para nossos jovens com a certeza de que o futuro pertence a eles, e garantir que eles saibam como cuidar de si mesmos e do próximo.

Queremos deixar a marca de uma boa educação nos corações de nossas crianças, jovens e adolescentes. Queremos que eles aprendam a conviver em paz, utilizando o diálogo e não a violência para resolver suas diferenças. Queremos preparar uma geração que propague bons valores, compaixão e amor. Queremos, acima de tudo, paz!

Como está a vida socioemocional das pessoas?

Sempre esperamos que as pessoas tenham inteligência para aprender e executar, por meio de ações ligadas ao intelecto, e observamos que nem todos conseguem se sobressair na vida profissional, afetiva, familiar, apesar de potencial cognitivo. Não é tão simples explicar, é necessário inteligência emocional, convívio social, ser inovador quando todas as pessoas agem de forma igual. As pessoas que se sobressaem na vida são mais equilibradas emocionalmente, agem com a razão, mas, acima de tudo, entre a razão e a emoção, sabem dizer palavras que não ofendem, são capazes de lidar com tarefas simples e outras mais complexas. Não é fácil, mas também não é impossível. Se eu pudesse ditar uma fórmula, eu diria que basta não agir por impulso, não criar expectativas, não ser imediatista e aguardar o tempo, porque tudo na vida tem um tempo correto para acontecer, talvez porque o próprio Universo respeite esse tempo e corra de acordo com ele. Fazemos parte do equilíbrio da vida no Planeta, mas insistimos em desafiá-la e andar na frente. Podemos ter tido muitas conquistas, mas conseguimos algumas que não gostaríamos de carregar, como as doenças emocionais: ansiedade, síndrome do pânico, depressão. Será necessário retomar para algumas coisas e lembrar que somos pessoas imperfeitas, vivendo em um mundo natural perfeito, basta seguir o exemplo da natureza. Sempre que puder, faça um passeio, referencie essa

> As pessoas que se sobressaem na vida são mais equilibradas emocionalmente, agem com a razão, mas, acima de tudo, entre a razão e a emoção, sabem dizer palavras que não ofendem, são capazes de lidar com tarefas simples e outras mais complexas.

natureza, visite áreas ainda preservadas, conheças as matas, as praias mais desertas, as cachoeiras, suba as montanhas, faça o que gosta, mas entre em contato com essas divindades que nos ensinam como viver melhor. Somos pessoas comuns, mas podemos fazer coisas inexplicavelmente incríveis, porque somos donos da nossa capacidade de tomar decisões, e isso é sensacional.

    Tenha uma vida em família, com amigos, alegria, seja leve e livre, sejam vocês mesmos, somente assim poderá agir com consciência e buscar a tão sonhada felicidade dentro de cada um, porque é ali que ela se esconde.

Considerações finais

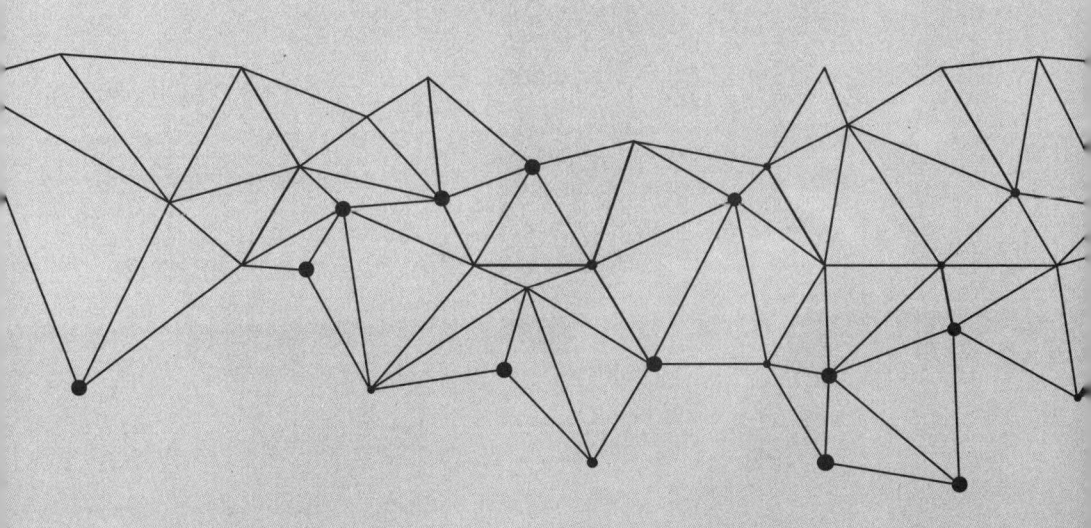

Em todos os caminhos da vida encontrarás obstáculos a superar.

Se assim não fosse, como provarias a ti mesmo a sinceridade dos teus propósitos de renovação?

Aceita as dificuldades com paciência, procurando guardar contigo as lições que se façam portadoras.

Com todos temos algo de bom para aprender e em tudo temos alguma coisa de útil para assimilar.

Nada acontece por acaso e, embora te pareça o contrário, até mesmo o mal permanece a serviço do bem.

A resignação tem o poder de anular o impacto do sofrimento.

Se recebes críticas ou injúrias, não te aflijas pela resposta verbal aos teus adversários. Muitas vezes, os que nos acusam desejam apenas distrair-nos a atenção do trabalho a que nos dedicamos, fazendo-nos perder preciosos minutos em contendas estéreis.

Centraliza-te no dever a cumprir, refletindo que toda semente exige tempo para germinar.

Toda vitória se fundamenta na perseverança e sem espírito de sacrifício ninguém concretiza os seus ideais.

Busca na oração coragem para superar os percalços exteriores da marcha e humildade para vencer os entraves de teu mundo interior.

Aceita os outros como são a fim de que te aceitem como és, porquanto, de todos os patrimônios da vida, nenhum se compara à paz de quem procura fazer sempre o melhor, embora consciente de que esse melhor ainda deixe muito a desejar.

Chico Xavier, *Em todos os caminhos da vida.*

Inicio minhas reflexões finais com o texto inspirador de Chico Xavier, porque o objetivo ao escrever os textos contidos aqui foi de ajudar as pessoas a superarem suas dificuldades. Não poucas vezes me flagrei em situações conturbadas em que foi preciso me afastar para observar com atenção e compreender; a maturidade me ensinou que nem tudo precisa ser resolvido no mesmo instante e que, às vezes, o melhor é impor certa distância entre nós e os fatos para uma análise mais equilibrada.

> O fundamental é que cada um tenha a liberdade de encontrar o amor que lhe faça feliz e lhe ajude a ser a melhor versão possível de si mesmo, estimulando o mesmo na outra parte do casal.

Em todos esses anos trabalhando com educação, percebi que temos a tendência a analisar o núcleo familiar para tentar compreender o comportamento dos alunos, sejam eles crianças ou adolescentes. Depois de muitos anos de pesquisas, ficou claro para mim que era um engano analisar a família em seus aspectos gerais; era preciso entender o ponto de vista e a situação de cada membro da família para então visualizar sua dinâmica e compreender os conflitos gerados em seu interior. Cheguei, assim, à conclusão de que seria preciso auxiliar cada um deles a se conhecer e a compreender em profundidade, aceitando a si mesmo para só então poder estender essa compreensão e aceitação aos outros integrantes da família. As pessoas só conseguem viver em harmonia quando entendem as diferenças de um para o outro e as respeitam; uma família, apesar de conviver em um mesmo espaço, compartilhando refeições e situações e afeto, ainda é composta por indivíduos muito diferentes entre si. Se essa convivência for saudável, esses indivíduos se aproximarão e sentirão prazer em compartilhar seu tempo e sua atenção, praticar atividades juntos ou simplesmente coabitar.

Existem várias formas de amor e todas elas merecem respeito: amor fraterno, amor romântico, amor platônico, amor paterno, amor materno, amor filial – cada uma dessas variações é importante e deve ser cultivada, sem posse ou ciúme. O fundamental é que cada um tenha a liberdade de encontrar o amor que lhe faça feliz e lhe ajude a ser a melhor versão possível de si mesmo, estimulando o mesmo na outra parte do casal.

Algumas pessoas pensam que felicidade é ter bens materiais: estas se consideram felizes e vitoriosas com um carro novo, uma casa, viagens caras. Mas também conheço muita gente que consegue ser feliz em uma casa humilde, desde que não lhe falte o alimento, um emprego digno, filhos que dão orgulho por serem pessoas boas e justas. Outros ainda são felizes por terem encontrado uma religião que os acolheu, ou por terem encontrado uma rede de amigos com interesses em comum pela internet.

Menciono tudo isso porque precisamos aceitar que existem visões muito diferentes do que constitui a felicidade. O mundo está em uma transformação constante, e não é de hoje – a única coisa que mudou nesse sentido é que agora somos informados das transformações mais rapidamente. Porém, uma coisa permanece: por mais que as coisas mudem, a humanidade segue buscando felicidade, satisfação, um motivo para viver. Acredito que devemos ser gratos por essa inquietação, pois é ela que nos leva a grandes invenções e à melhoria do mundo ao nosso redor.

Um cuidado que devemos ter, contudo, é incentivar que essa procura se dê no campo intelectual e sentimental, em vez de no material. A felicidade gerada pelo aprofundamento da fraternidade, da harmonia, do altruísmo, da generosidade, da doação ao próximo tem consequências muito melhores e mais duradouras para o mundo todo do que a felicidade efêmera criada pelo consumo de bens. Um gesto de bondade que faz você se sentir bem por alguns minutos pode fazer a diferença na vida de alguém, desencadeando uma corrente do bem e muita felicidade pelo caminho, enquanto a aquisição de um produto pode trazer a sua felicidade pelo mesmo período, mas gerar um item a mais que virará lixo para poluir o planeta, produzido por pessoas em condições subumanas de trabalho, vendida por organizações que só aumentam a desigualdade social no mundo. A escolha entre esses dois tipos de felicidade diz muito sobre quem você é e quem você gostaria de ser.

Habitamos o mesmo planeta, mas o vemos de formas muito diferentes. Nosso desafio está em aprender a conviver em paz e cuidar do mundo, do ambiente e da sociedade dos quais fazemos parte, ao mesmo tempo que ensinamos a geração que nos sucederá a fazer o mesmo, cuidando e criando um futuro melhor.

Até aqui fiz uma reflexão sobre a vida, que vale para o período durante ou pós-pandemia. Com a chegada do coronavírus, a população, no início, se viu quase em pânico, vendo os números de contágios e mortes por conta da doença aumentarem, enquanto o governo esteve tentando amenizar a crise com o auxílio emergencial, entre outras medidas adotadas pelos estados e municípios. Mas a situação não se restringiu ao Brasil, e muitos países já tinham passado ou ainda estão passando pelos mesmos problemas. As reflexões que fiz até aqui mostram que as pessoas não estavam preparadas para desacelerar, pois foi o que ocorreu, as pessoas pararam com suas atividades, deixaram de visitar os amigos e familiares, mudaram a rotina de trabalho; muitos passaram a trabalhar em home office e outros ficaram em casa sem emprego. O vírus interferiu drasticamente, também, na rotina de lazer das famílias, como a frequência a bares, academias, shopping centers, parques, entre outros. Diante disso, as pessoas intensificaram a comunicação através das redes sociais e parte da população, mais uma vez, se mostrou fraterna, dando início a várias campanhas para a distribuição de cestas básicas e outros auxílios aos mais necessitados.

Até o momento em que finalizei este trabalho, os infectologistas ainda estavam estudando e aplicando, em fase de teste, uma possível vacina para conter a Covid-19 que, no melhor dos cenários, está para ser liberada à população no final de 2020. Nesse pós-Covid, a questão é analisar como poderemos transformar nossos pensamentos e a nossa maneira de viver após termos sido privados de tantas coisas consideradas parte da rotina. Tivemos que lidar ainda mais de perto com a morte para valorizar a vida. Já aprendemos que devemos saber agir em situações que exigem urgência, ser proativos para não sermos pegos de surpresa, porque não podemos prever o futuro, mas podemos agir no presente.

Circula nas redes sociais a expressão "novo normal", mas acredito na expressão "o novo do novo", pois fomos obrigados a mudar a maneira de ver o mundo, a praticar a empatia, a renovar, a valorizar mais a natureza e as pessoas que estão ao nosso redor. Quando tudo isso passar, e vai passar, não seremos mais os mesmos. Seremos as mesmas pessoas num corpo físico, mas com uma percepção diferente diante de tudo o que vivemos coletivamente. Hoje, mais do que antes, todas as gerações são forçadas a acessar redes sociais; os idosos estão se comunicando com as famílias por meio delas. Essa pandemia escancarou nossa fragilidade e o quanto somos limitados diante de uma doença, que não sabemos como chegou nem como ou quando irá acabar. Estamos atentos às pesquisas e nos agarramos à fé para que encontrem a cura.

Que as pessoas entendam o conceito de liberdade com responsabilidade: aprendendo a voar por conta própria, mas arcando com as consequências de suas escolhas, sabendo que cada ação individual esbarra em uma ação coletiva, que não estamos sozinhos no mundo e que devemos ser mais fraternos, solidários, participativos e criativos. A positividade e a busca pelo bem comum devem fazer parte da nossa rotina, somos melhores unidos e, quando somos bons para nós, seremos bons para o outro. Devemos deixar boas marcas e guardar os momentos no coração, junto com as memórias. Nossas ações nos imortalizam e jamais poderemos deixar de dizer que não sentimos, que não choramos baixinho para ninguém escutar, que não fomos impactados por um vírus que nos amedrontou, que nos fez repensar nossos valores, que nos mostrou de perto a morte prematura e rápida, que apontou as desigualdades sociais e as deficiências na área da saúde, mostrando que não temos um governo coeso, mas temos um povo unido. Iremos passar por tudo isso com muitos arranhões, mas cheios de esperança de um mundo melhor.

Depoimentos: O que você faria se soubesse da pandemia seis meses antes?

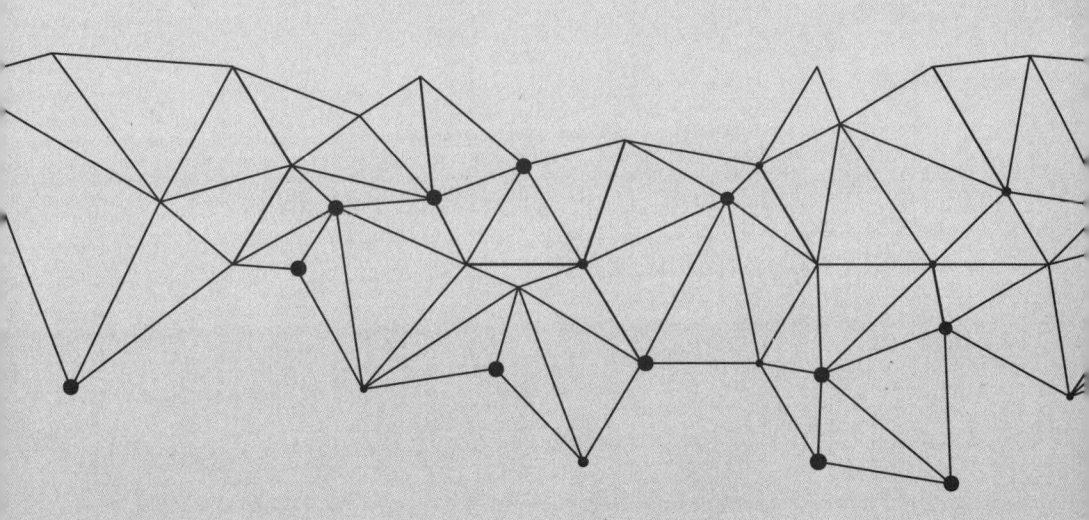

O QUE FARIA SE SOUBESSE DA PANDEMIA SEIS MESES ANTES?

"Visitaria mais os meus irmãos. Frequentaria mais os encontros familiares. Faria, em minha casa, mais recepções aos amigos. Aceitaria os tantos convites que recusei... só para ficar em casa. Praticaria todas as modalidades esportivas às quais me inscrevi, mas às quais nunca compareci. Tornei-me, por uma época, praticante de matrículas: pilates, hidroginástica... Cansei de não ir a esses lugares para ficar em casa. Faria todas as caminhadas propostas pelo meu marido, em pedidos, agora reconheço, carinhosos, mas despercebidos e recusados por mim. Aceitaria, de primeira, ao insistente convite de um velho amigo – parecia tão triste com a vida – para um simples café, talvez algum salgado e muita conversa, no Fran's da terceira quadra da Paulista.
    Casamentos, batizados e tantos aniversários em buffets... Ah, eu teria ido a todos eles, com a alegria que só a obrigatoriedade do #FiqueEmCasa fez com que eu pudesse valorizar tanto e somente agora. Algo em mim não teria mudado; a eterna crença de que, infelizmente, tudo o que é bom passa, mas, Graças a Deus, tudo o que é ruim também passa. Por isso, quando passar este tempo surreal, aproveitarei a chance de viver com liberdade total, de viver meus, agora reconhecidos, preciosos sonhos, adiados, mas preciosos."

Maria Terezinha Alves Lima – professora de Português

"Que momento estamos vivendo! Fomos nos deitar em um mundo que acreditamos formulado e acordamos em um outro para o qual não tivemos treinamento. Se soubesse com antecedência, criaria aparatos de segurança se preciso fosse, para 'garantia' de nossa saúde, para enfrentar uma doença no futuro!"

Shirlei Festucci – engenheira civil

"Acredito que a pandemia ocorrida nesse ano, assim como outros episódios ocorridos na história recente da humanidade, expõe a dualidade que há em tudo o que nos cerca. O positivo e o negativo, o bem e o mal, a ganância e o altruísmo, a morte (ou renascimento) e a vida, a tristeza pela perda de um ente querido e a alegria do reencontro com um ente que sobreviveu, são aspectos dessa dualidade social que estão presentes todos os dias, porém são mais reconhecidos em momentos como os que vivemos hoje.

A história demonstra que situações de grande comoção como essa muitas vezes tem o poder de realinhar o rumo da humanidade. Numa sociedade em que as pessoas vivem na velocidade alucinada da era digital, com o corpo e a mente presos ao futuro e ausentes no presente, retornar a olhar a vida como um dia de cada vez é um ensinamento rico e profundo.

Sob esse ponto de vista, mesmo que soubéssemos sobre a pandemia e seus efeitos seis meses antes, nada mudaria. Não estamos no controle e essa, talvez, seja a beleza da vida. Quanto mais acreditamos que sabemos, possivelmente menos sabemos. Quanto mais acreditamos ter tudo sob controle, menos controle teremos. A falsa sensação de segurança é justamente o que nos joga na insegurança em quaisquer mudanças de rumo. Momentos como o que vivemos hoje apenas reforçam isso.

Talvez por isso, nesses momentos, vemos tanta dualidade: é mais fácil escolher um lado, definir as coisas como positivas ou negativas e não refletir sobre a importância desses momentos para a evolução da humanidade ou para sua própria evolução, sem questionarmos os por quês. Um provérbio milenar chinês (por acaso um território que sofreu grandes crises e grandes conquistas em sua história) diz que "jamais se desespere em meio as sombrias aflições de sua vida, pois das nuvens mais negras cai água límpida e fecunda".

A pandemia passará e outros episódios similares ocorrerão, provocados pela própria humanidade ou não. Entretanto, alguns de nós sairão pessoas melhores, mais presentes em suas relações familiares, mais conectados com o hoje, menos conectados com o ego e mais interessados no crescimento intelectual e espiritual para melhor compreensão dessa linda jornada que chamamos de vida."

Cristiano A. Oliveira – empresário

"Viver um momento tão ímpar quanto o desta pandemia nos fez refletir mais profundamente sobre a vida, em diferentes aspectos.

Durante toda a nossa trajetória, diante dos imprevistos e obstáculos, nunca foi tarefa fácil o desapego da zona de conforto que, por mais que nos limitasse, acabava por ficar uma sensação de segurança, mesmo que fosse ilusória. A pandemia nos atropelou, nos fez viver um misto de sensações, incompreensões e nos fez compreender, de uma vez por todas, que o mundo é muito mais complexo e volátil do que nós poderíamos imaginar.

A pandemia abalou nossas estruturas. Reformulou por completo a nossa rotina, as nossas convicções e as nossas emoções. Se soubéssemos antecipadamente que teríamos que vivenciá-la, talvez nos dedicássemos mais a priorizar a humanização das diferentes atividades que já desenvolvíamos, com o intuito de contribuir para a maior difusão dos conceitos de cidadania, senso coletivo, ética, empatia. Daríamos mais valor à convivência com aqueles que amamos, ao autocuidado e à busca de evolução pessoal e espiritual. Mas a vida segue... e segue imprevisível. Mesmo com tantas transformações e inquietações, a vida continua nos surpreendendo, nos ensinando diariamente a viver o momento presente e agregar grandes e significativas lições para que possam ser usadas nos próximos desafios."

Julyany Gonçalves – psicóloga
Antônio Valini – doutor em Educação

"Ah, se pudéssemos saber do ataque desse inimigo invisível seis meses antes dessa pandemia, como poderia ser diferente! Evitaríamos aglomerações como o carnaval, tomaríamos medidas de prevenção com mais rigor, sem falar nos órgãos de saúde que estariam seis meses na frente dessa batalha infernal que levou muitos queridos de todos nós."

Naila – secretária do SIEEESP

"É complicado... Pois várias coisas sobre essa questão vieram em minha mente, mas creio que, em primeiro lugar, entraria em pânico, mas, depois, traria meus pais (idosos) para cuidar e ficar com eles. Faria muita oração para que Deus tivesse misericórdia das nossas vidas. Encontraria meus irmãos, familiares e amigos queridos. Teria sido mais presente nas reuniões e atividades religiosas. Enfim, são dentre várias outras atitudes essas seriam as principais."

Evânia Clícia Almeida Leandro Klein – professora

"Parafraseando Renato Russo:
É preciso amar as pessoas
Como se não houvesse amanhã
Porque se você parar para pensar
Na verdade, não há
Essa letra diz muito do que eu faria se soubesse antecipadamente que viria uma pandemia. Quando você decide continuar, mesmo tendo de enfrentar sérias dificuldades, só

valorizando o que realmente importa; a família e os amigos. Distribuindo mais amor e muita gratidão, tendo a certeza de que minha força e coragem virão de DEUS."

Elisabel Lopes Biffi – professora

"Posso afirmar que, para mim, a pandemia realmente me "pegou de surpresa", pois acompanhávamos as notícias da China, mas não imaginava que chegaria aqui ao Brasil com tamanha força e rapidez. Lembro-me claramente do fim de tarde do dia 13 de março de 2020, quando foi noticiada a orientação de fechamento gradativo das escolas e outros comércios regionais no Estado de São Paulo. Um choque, foi isso o que senti.

Como educadora e gestora de uma unidade escolar, essa foi minha primeira preocupação: como fechar as escolas? Como essas crianças ficarão sem o acompanhamento próximo de seus professores? E a socialização? Será que ensino 100 % à distância funcionará para a educação básica? Por quanto tempo ficaremos com as escolas fechadas? Algo inimaginável se tornou realidade em um piscar de olhos, e a maioria das minhas dúvidas e questionamentos não tinham respostas.

É claro que se eu soubesse seis meses antes que isso iria acontecer teria elaborado e testados diversos protocolos e procedimentos de ensino à distância, teria utilizado ainda mais as ferramentas digitais dentro da educação, teria tentado antever o que viveríamos e propor ações profiláticas. No âmbito pessoal, teria preparado a mim e meus entes queridos para enfrentar o que estava por vir de forma mais fortalecida, pensado na saúde, nos mais idosos, enfim, cuidaria ainda mais daqueles que amamos.

Mas a questão é: será que mudaria alguma coisa?

Vejo essa pandemia com dois olhos, o que nos trouxe de ruim e o que nos trouxe de bom. Prefiro focar no positivo.

Acredito que tivemos grandes aprendizados, para mim o maior de todos foi a resiliência e a criatividade. Após mais de 5 meses ainda em pandemia, aprendo diariamente e me reinventar e ser mais leve e flexível frente às mudanças repentinas. Desde as coisas mais simples como gerenciar o trabalho, os filhos e a rotina da casa, até mesmo a solucionar grandes conflitos educacionais que fui exposta no meu trabalho, pensar de forma criativa e fora dos padrões pré-estabelecidos foi sensacional, ousar sem aquela sensação de dúvida, será que vai dar certo? Na verdade, as coisas tinham que dar certo e deram certo! Pois o pensamento consegue antever a ação!

Outro aprendizado muito importante foi aprender a fazer pausas em minha vida. Como a grande parte das mulheres modernas, que trabalham dentro de fora de casa, com inúmeros papéis e obrigações – esposa, mãe, profissional, filha, estudante –, eu vivia em uma rotina maluca, não parava para nada, fazendo milhões de coisas ao mesmo tempo e obrigações que às vezes eu mesma me impunha.

Com a chegada da pandemia, continuei a exercer esses mesmos papéis, mas o fato de ficar isolada em um único espaço me trouxe percepções diferentes para a vida e tempo para pausar num fim de tarde e observar um filho brincar, um beijo no esposo antes de ir trabalhar, acariciar um animal de estimação e até mesmo parar para ver o pôr do sol e agradecer. Pequenas ações que fazem um grande bem para a alma e o coração.

Por fim, acredito que temos que sair melhores e mais sábios com tudo que passamos nessa pandemia, mais amáveis, mas cuidadosos com a saúde, mais flexíveis, mais unidos com a família, mais responsáveis com nossas escolhas e decisões, mais solidários, pois tenho certeza de que o que vivemos hoje foi resultado de nossas ações direta ou indiretamente no passado, mas o que viveremos no futuro será o resultado do que estamos plantando no presente; portanto, vamos viver esse presente da melhor forma possível!"

Carine Conte Oliveira – educadora e gestora escolar, mãe do Ian e do Christian

"Minha atitude seria a de orientar e proteger todos que estão à minha volta, oferecendo a todos sabedoria, ajuda física, psicológica e espiritual, incentivando as pessoas independente de religião sobre a importância de emanarem força, amor e paz a cada ser humano, fortalecendo a si e o próximo, não deixando, assim, que vírus afetasse a mente das pessoas. Fazendo com que elas entendessem a necessidade e a importância da proteção e o cuidado com sua saúde.

Faria o uso do amor para transmitir às pessoas que ajudando ao próximo e jamais abrindo mão da palavra amiga. Desse modo, conseguiríamos passar pelo vírus sem que ele trouxesse tanto medo e pânico para dentro de nossos lares e mentes.

Assim nos fortalecendo, através da fé, do amor, conseguiríamos aliviar as dores e traumas causados pelo vírus, acreditando que seria como uma maré alta, que sempre tem sua hora de baixar.

O amor sempre será a cura de todas as dores e medos."

Danilo Roberto Da Silva – motorista particular e ex-aluno do Colégio Renovação

"Eu estudaria um projeto de prevenção educativa para evitarmos a transmissão comunitária, pois creio que esse tenha sido o grande erro da maioria das nações."

Douglas Conte – gerente

"Sei que a pandemia foi, e é inevitável, algo que foge do nosso controle como pessoas comuns, com uma origem bem discutível.

Sabendo com seis meses de antecedência da pandemia, em primeiro lugar me esforçaria muito mais, o máximo possível, aconselhando e ajudando pessoas a utilizarem o protocolo precoce dos medicamentos Hidroxicloroquina,

Azitromicina, e Zinco para o tratamento da Covid-19, baseando-se nos sintomas, e independente do resultado do teste do Covid-19, protocolo este orientado e liderado pela oncologista e imunologista, Dra. Nise Yamaguchi.

Em segundo lugar, dentro das minhas possibilidades, divulgaria e manifestaria, ao máximo também, pela opção do isolamento vertical, que agrega o isolamento dos idosos e os com comorbidades, liberando as pessoas saudáveis com até 55 anos para que seguissem suas vidas, compromissos e responsabilidades, mas com os cuidados cabíveis: máscaras, distanciamento social, e, principalmente, uma higienização pessoal completa, inclusive com o uso álcool gel em ações contínuas, em vez deste pseudoisolamento horizontal, que está levando o País às ruínas.

Sei que a morte é certa, porém muitas vidas preciosas se perderam, e poderiam ter sido salvas!"

Odair de Aquino – chefe de Segurança

"Acho que este é um tema difícil para pensar, eu tentaria falar com o maior número de pessoas possíveis para que elas se protegessem e tomassem as devidas precauções, mas, quando tentamos alertar as pessoas sobre o mal que está por vir, elas não acreditam. Porém, fecho os olhos e penso numa frase que gosto muito, quando João Batista é chamado a voz que proclama no deserto (João 1:23), tentou avisar sobre a vinda do Messias, do nascimento de Jesus Cristo e não conseguiu muito êxito, pois, alguns até davam risadas dele, outros lhe atiravam pedras, enfim, será que esta atitude seria correta ou eu seria como ele e as pessoas não iriam acreditar em mim? Também penso no tempo, porque teria 180 dias para alertar as pessoas sobre o que está por vir. Acho que sentiria uma angústia por tentar alertá-las, bem como os asilos, hospitais e mesmo assim acho que não conseguiria, mas iria alertar as pessoas e deixar o coração delas tomar a decisão."

Nilo Kassas – microempresário

"Se eu soubesse da pandemia seis meses antes, não faria nada de diferente, minha vida é voltada para minha família, toda minha dedicação e empenho sempre foi para eles. Por isso me apego em Deus e creio que é Ele quem me ajuda em tempos difíceis, nada do que eu fizesse antes mudaria isso."

Ana Selma Polinário – encarregada da limpeza

"Provavelmente eu sentiria uma certa ansiedade, porque gostaria de avisar o maior número de pessoas possíveis, mas, como diretora de uma escola na periferia de São Paulo, acho que estaria mais tempo com meus alunos, deixando a escola com mais espaço para a interação social, promoveria encontro com os pais para ajudá-los a entender a situação e se precaver melhor, iria pedir aos professores que investisse na sua formação para as aulas on-line e os ajudaria com as plataformas digitais. Na minha vida pessoal, iria rever algumas posturas, como por exemplo administrar melhor o tempo e ficar mais com meus filhos, dando-lhes maior suporte emocional e até mesmo com meus amigos. Deixaria a vida correr mais leve e aproveitar cada momento."

Alessandra Messias Cardozo – diretora de Escola

"Caso eu soubesse seis meses antes que aconteceria a pandemia, eu teria conversado com os alunos e os pais para prepará-los para o trabalho virtual que estamos realizando agora. Teria pegado o contato de WhatsApp de todos (alunos e pais) e já teria trabalhado com os alunos o uso das tecnologias para o ensino a distância. Teria trabalhado com os alunos as rotinas que eles deveriam ter para poder assistir às aulas on-line e para realizar e entregar as tarefas no Google sala de aula, tais como: a necessidade de ter um horário para dormir e acordar;

o cuidado com a alimentação para evitar o exagero e a importância de se organizar para realizar as lições."

Fábio – professor de Língua Portuguesa

"Eu iria cuidar de mim e da minha família, passaria mais tempo com eles, diria mais para as pessoas à minha volta como elas são importantes para mim, pois pertenço ao grupo de risco por ter mais de 60 anos. Também teria feito uma reserva melhor de dinheiro para passar este período difícil. Encontraria tempo para fazer tudo o que gosto, como por exemplo ir ao parque no domingo, passear no shopping e sorrir mais, porque acredito que a alegria é contagiante. Na questão religiosa, eu iria pedir mais proteção ao Plano Espiritual para toda a humanidade e diria para todos que devemos proclamar somente palavras de amor ao próximo, coisas que já faço, mas com certeza eu iria fazer mais e pedir a todos que se voltassem para Deus, pois acredito que somente ele pode mudar este período que estamos passando."

Maria de Lourdes Bento Monte – auxiliar de Coordenação

"Faço aqui uma reflexão sobre este processo doloroso ao qual estamos vivendo. Acho que se eu soubesse antes mudaria meu olhar para o próximo ainda mais, seria mais humana, brincaria mais com os alunos na escola e não deixaria que eles perdessem o foco no ensino, bem como lhes diria como poderia ser bom estudar on-line. Eu ficaria mais tempo com meus amigos e iria passear mais, fazer tudo que me dá prazer na vida, inclusive a religião, e estudar. Não é fácil escrever sobre o que faria porque são muitos os desejos. Eu gostaria que todas as pessoas soubessem com antecedência da pandemia, para mudar os hábitos de higiene, evitar a aglomeração e evitar que esse vírus pudesse mudar nossa vida. Mas se todos soubessem iríamos evitar ou disseminar o medo e o pânico? Fica aqui mais uma reflexão, prever o futuro pode ser favorável ou desastroso, e as pessoas não estão preparadas para acreditar no que não conseguem ver. Vejo nas redes sociais muitas pessoas falando sobre como é bom ser mais humano e praticar a empatia, mas, na vida real, convivemos com o egoísmo e a falta de fé. A falta de fé se dá principalmente porque as pessoas não conseguem enxergar o Criador e sua Criação e, portanto, não podem acreditar. Percebo que as pessoas tentam agradar "o mundo", mas se esquecem que a primeira mudança deve ser interior. Muitos ainda estão vivendo como antes da pandemia e eu pensei que ela iria transformar o pensamento humano. Ainda percebo atitudes de violência, falta de humanidade com o próximo e a maioria centrada numa vida mundana. Se eu soubesse da pandemia antes eu pediria que as pessoas fizessem uma transformação interior, por conta da necessidade que temos de entender que não estamos na vida a passeio, e que elas fossem em busca de evolução espiritual. Mas sei que teria dificuldade de fazer as pessoas entenderem que a pandemia iria nos separar, colocando entre nós o muro da tecnologia. Se soubesse antes, acho que estaria mais reflexiva do que estou hoje, porque vejo como as pessoas ainda estão se abrigando no egocentrismo e no capitalismo. Somos avaliados pelo que temos e não pelo que somos. A pergunta que fica é: a pandemia chegou e as pessoas mudaram? Estão refletindo sobre a importância da vida? Simplesmente não consigo responder, pois muitos falam, mas poucos agem corretamente, até porque ser correto é uma visão de postura e baseada em valores e não apenas num vírus que deveria transformar o pensamento humano."

Cristina Sena – professora

"Se eu soubesse que alguns meses depois passaríamos por uma situação onde viveríamos aprisionados pelo medo de perder um ente querido, pela insegurança de chegar próximo às pessoas, pela rotina e até mesmo pela falta de emprego, eu manteria minha fé em Deus e aproveitaria cada dia como se fosse o último. Ficaria muito mais próxima das pessoas que amo, cuidaria mais da minha saúde e dos meus próximos para enfrentarmos todos juntos o isolamento. Faria uma reserva de dinheiro para as minhas necessidades e para uma eventual crise de pânico no País e ajudaria quem precisasse.

Interessante pensar nisso, porque quando entramos na pandemia eu me preocupei com as pessoas no modo geral, com as que trabalhavam e até mesmo com os empresários, nem tanto no sentido de perdas de um ente da família. Pela situação que eu já vinha passando, eu me coloquei no lugar de cada um, chegando a falar em casa que não tinha medo da doença, mas sim temia pelo sofrimento que todos passariam por conta da falta de dinheiro ou de emprego, por não poderem pagar seus funcionários."

Claudia Xênia de Oliveira – assistente técnica de Engenharia

"Moro na China e, quando tudo começou, eu estava na Austrália de férias, os últimos dias lá. Não foram mais férias, foram horas ao telefone, noites no celular, dúvidas intermináveis. Reuniões com a escola dos meninos, esperando uma posição da empresa do meu marido. Então escutávamos: "Fiquem prontos para sair do País, mas aguarde informações". E aí quebrei o tornozelo, senti que Deus me deu uma rasteira e disse "PARE! Não adianta nem querer andar que você não consegue". Conseguimos voltar para Beijing. Quando chegamos em casa, mesmo sabendo que estávamos proibidos de sair, pois na China regras são regras, eu chorei, mas não de tristeza, e sim para agradecer a Deus, pois me sentia segura de estar em casa. Fui criticada por muitos amigos e familiares por não ter saído da China. Diziam: "Ficar nesse País agora é loucura, tire seus filhos daí". Mas seguimos nosso coração e hoje somos gratos pela opção que fizemos. Foram longos meses, uma nova rotina que às vezes nos consumia, mas que fomos aprendendo a lidar. Moramos em países muito frios por vários anos, então ficar em casa, para minha família, nunca foi um problema; eu tinha medo, tinha dúvidas, mas também tinha Fé! Quando essa onda se alastrou pelo mundo, eu queria gritar: Fiquem em casa! Não saiam! Vai passar! É preciso parar um pouco e mais uma vez fui criticada, eu ouvia...e a economia? O povo precisa trabalhar. E cada dia mais fomos fazendo o exercício de nos colocar no lugar do outro é difícil demais esse exercício, mas com ele percebemos que não podemos mudar o mundo, que não podemos sentir a dor do outro, mas percebemos que temos que respeitar o próximo. Fiz minha parte, dividi com quem me perguntou e o que eu fiz, o que me fortaleceu, como lidamos com a situação. Hoje mudei de cidade na China mesmo, passamos por momentos difíceis nessa mudança, tivemos que fazer o exame 2 vezes, ficamos alguns dias em quarentena, até conseguir chegar na nossa nova casa. Meus filhos então na escola, seguindo todo o protocolo obrigatório, mas se você me perguntar se a vida está normal, responderei que não, não está... Ainda existe o medo, o mundo ainda sofre, muitas pessoas doentes e morrendo.

Mas a pergunta era: O que você faria se soubesse seis meses antes dessa pandemia? E eu respondo NADA, o mundo precisava disso, estávamos todos correndo em uma velocidade sem controle, sem freio. Cada vez mais sem amor ao próximo, sem valorizar cada profissão e sempre achar que dinheiro compra tudo e que todas as respostas estão no Google. Como foi difícil dar aula para nossos próprios filhos, o aprendizado aqui foi saber se colocar no lugar do professor. Cozinhar para algumas pessoas, isso é um bicho de 7 cabeças. Limpar a casa, meu Deus, como saber valorizar nossas queridas ajudantes do lar! Conviver com a própria família 24 horas – casamento de fachada não sobrevive a essa situação –, lindos posts em rede social em alguns lares deixaram de existir, sem manicure, sem cabelereiro, sem academia, sem coisas corriqueiras que talvez nunca valorizamos, sem um bate-papo olho no olho com a vizinha, que passava todo dia do nosso lado e não tínhamos tempo de dizer bom-dia. Nesse arrastão, vão ficar marcas para toda vida, alguns casamentos desfeitos, outros fortalecidos, algumas famílias totalmente destruídas, outras fortalecidas, alguns empresários quebrados, outros fortalecidos, alguns profissionais criticados e outros que serão muito mais valorizados, algumas pessoas curvadas e tristes, pois nem assim conseguiram entender o recado lá de cima e vão continuar as mesmas, pois não conseguem mudar, outras pessoas que sofreram, perderam, choraram, mas que se fortaleceram, se reinventaram e hoje são fortes e aprenderam o significado da importância do amor ao próximo e de saber se colocar no lugar do outro sempre!"

Andreia Vicentini Galvão – professora, residente na China

"Como pessoa, eu ajudaria a alertar as pessoas dos cuidados necessários para a prevenção em relação a essa grave doença. Como professora, além das ações de orientação já citadas, teria me preparado com antecedência para um desenvolvimento mais eficiente nas aulas on-line.

Inicialmente, um maior domínio das ferramentas tecnológicas seria imprescindível, desenvolvendo novos saberes e novas metodologias. Importante, também, seria assistir vídeo- aulas a distância com professores já praticantes desse método de ensino-aprendizagem e, assim, ir conhecendo e selecionando o que considerar mais adequado às características de meus alunos, tornando as aulas envolventes e participativas. Com uma organização bem estabelecida, a participação dos alunos, com certeza, seria mais efetiva, porque essa geração é nativa digital e esse tipo de linguagem vai ao encontro do interesse deles."

Tânia Chyczy – professora de História

"Se eu soubesse da pandemia seis meses antes, certamente teria programado algumas pedras grandes: visitar meus familiares distantes que já estão idosos, teria feito os meus exames de rotina e os da minha filha também, e até por ser muito caseira aproveitaria os poucos momentos que me restavam antes do isolamento para estar mais próxima da natureza, como no campo, que eu adoro e encontro a minha paz."

Luciana Patrocinio – professora e assessora pedagógica / Líder em Mim

"Ah, se eu soubesse disso tudo antes, teria diminuído a pressa e a correria de quem viaja a trabalho. Teria curtido a natureza que é tão diferente e especial em cada lugar deste País. Teria prestado mais atenção na maravilha do pôr do sol da janela do avião. Teria tomado mais sorvete, ido mais ao cinema, lido mais livros. Teria trazido meus filhos e netos para minha casa.

O mais importante, porém, é saber que tudo isso vai passar e temos a chance de rever a nossa vida, mas de uma coisa tenho certeza: viver "loucamente atarefada" é o que não quero mais para mim."

Maria Conceição Tomazi – gerente de Negócios / Sistema Positivo de Ensino

"A família é nosso maior bem! É a base de toda nossa vida, de nosso sucesso em todos os aspectos.

Vivemos entre erros e acertos e com isso amadurecemos nosso espírito, nos preparando cada vez mais para os próximos dias.

Caso tivesse um "prazo", com certeza otimizaria meu tempo com a família, com minha mulher e filhos! A alegria de estar por perto me faz muito bem e tenho certeza de que nossa união está forte no coração de todos! Mas, com certeza, quanto mais tempo em ações em família mais nos faria muito melhores!"

Dr. Carlos Alberto – médico alergista e pediatra

"Por achar sempre que amanhã teremos mais tempo que hoje, que amanhã o dia será mais organizado, que me restaria um tempinho a mais, fui deixando para depois. Este depois chegou, deixando tudo mais distante.

Por isso, se soubesse da pandemia, seis meses atrás, não faria coisas extraordinárias, como a viagem dos meus sonhos. Mas me dedicaria à simplicidade que a vida sempre me proporcionou. Aceitaria um convite para um café, assistiria um filme com meus netos, tomaria um sol com meus irmãos e estenderia o tempo dos meus abraços.

Sem dúvidas, viveria o hoje, aproveitando ao máximo, todas as pessoas que cruzassem o meu caminho."

Roseli Fortunato – secretária

"Se um passarinho me dissesse: "Ei, vai ter uma pandemia daqui a seis meses" eu não acreditaria, mas, me preocuparia, pensaria e certamente agiria e diria sim para todas as festas e passeios. Encontraria aquelas boas e velhas amizades. Todas que hoje deixam saudade. Andaria na rua com muita felicidade.

Eu iria respirar ao ar livre e sorrir, mostrar os dentes e me divertir, Eu abraçaria apertado e por muito tempo, beijando a minha família a todo momento."

Danyelle Marchini

"Se soubéssemos sobre a pandemia, teríamos intensificado o treinamento e a formação dos professores, com foco nas ferramentas necessárias para o melhor desempenho nas aulas on-line.

Além disso, poderíamos ter iniciado o ensino híbrido, de modo que a transição do ensino presencial para o ensino digital fluiria de forma mais efetiva, facilitando a adaptação dos estudantes e professores."

Sandra Oliveira – mantenedora e diretora-geral do
Colégio Anglo Morumbi

"Antes da pandemia eu me encontrava, assim, como agora:

Namorando os meus filhos pela janela do meu coração, de onde vejo a significância, que seus espíritos refletem;

Alegrando minh'alma, com calma, como se o invisível me trouxesse Deus permanentemente;

Regando os meus sonhos e fazendo planos puros, bonitos, como os fazia quando era menina;

Cuidando das minhas flores e plantando mais amor enquanto respiro;

Rezando por meus pais, irmão, amigos, família, por tantos e todos os meus antepassados com a gratidão dos que permitiram o meu nascer;

Conversando com Deus à noite, ao amanhecer, no romper do sono, no estalar de cada pensamento, sentimento, dúvida, certeza, acontecimentos... Infinitamente com Deus!

Penso que a plenitude do ser me fez aprender que vivo no Reino de Deus a Seu serviço e, seja lá o que vier a acontecer, nada mudará em mim, exceto por Sua vontade, então eu simplesmente viveria, como estou vivendo agora!"

Sonia Marcílio – mãe dos alunos David, Marjorie e Isis

"Falar do passado, antes de imaginar que algo muito sério aconteceria no futuro, não faz parte da minha vivência, afinal, sou uma adolescente que, como tantos outros, está sempre pensando em viver o agora.

Se eu soubesse que viveria este *isolamento social* total e obrigatório, trancada. saindo apenas para ficar entre duas casas – a de meu pai e a de minha mãe... Agora que estou neste distanciamento tão grande, longe de tudo e de todos que gosto... Se soubesse disso antes, com certeza, em muitos momentos, eu pensaria e agiria de maneira diferente.

Minha antiga rotina era agitada, quase não tinha tempo para curtir coisas simples, das quais, hoje, sinto tanta falta. Procuraria ficar muito mais com meus amigos e familiares, criaria situações alegres e que nos permitissem ficar em união. Abraçaria mais, compartilharia mais todo o afeto que sempre recebi. Valorizaria, imensamente, o contato físico: ficar perto é tão importante, confesso que sinto tanta falta disso. Procuraria expressar mais a minha visão de mundo. Estaria mais aberta para conhecer e ouvir melhor os meus amigos, assim, perceberia seus gostos, suas frustrações: viver, hoje sei, é saber fazer estas interações humanas! Se eu soubesse... Priorizaria a minha família, marcaria mais encontros com todos; valorizaria cada momento em que estivéssemos reunidos, desde refeições até brincadeiras simples, que hoje considero fundamentais. Não perderia tempo com coisas bobas e tentaria enxergar, sempre, o que na vida tem maior importância: o amor que devemos trocar com quem amamos. Como adoro assistir a filmes, finalizo com uma frase que resume o meu amor por todos os meus familiares, estas pessoas com quem, sem dúvida, faria o possível para estar mais: "Ohana quer dizer família e família quer dizer nunca mais abandonar".

Eu tenho muita sorte, pois tenho uma família que, mesmo separada, é sempre unida."

Alicia Santiago Conte – estudante do 9º ano

"A Covid-19 chegou para nos mostrar o quanto somos vulneráveis e dependentes uns dos outros. Fazemos parte de uma sociedade desigual e injusta, que nos segrega, escolhe e determina quem pode ou não, quem tem direitos ou não, quem é feliz ou não. Porém, diante dessa doença, somos todos iguais: pobre, rico, bonito, feio, corremos os mesmos riscos; se não nos unirmos no combate à disseminação do coronavírus ficaremos todos doentes. A pandemia nos fez quebrar paradigmas, tivemos de encontrar novos significados, reconfigurar parâmetros, redefinir metas e aprender novas formas de convivência. Afinal, o que essa força poderosa, capaz de atingir o mundo todo, quer nos ensinar? Temos muito a aprender e infelizmente são nesses momentos difíceis que tiramos as melhores lições de vida.

Se eu soubesse da pandemia seis meses antes teria tomado algumas atitudes preventivas que provavelmente fariam diferença. Nos aspectos físico e emocional teria aproveitado mais os momentos de convivência com minha família e amigos, teria abraçado mais, dado mais atenção a minha mãe e meus sogros. Muitas vezes, por conta de outros compromissos, deixei de visitá-los dando desculpas tolas. Hoje percebo o quanto perdi, deveria ter passado a tarde com a minha mãe, dado atenção a ela, feito carinho etc. Atualmente, faço visitas mais curtas, mas ainda tenho medo, se me sinto indisposta ou doente prefiro ficar em casa, então só nos resta o contato virtual. Outra providência seria econômica, acho fundamental guardar algumas economias para momentos como esse, é bom ter uma reserva financeira. Profissionalmente, teria investido mais na autonomia dos alunos, hoje percebo como é importante a iniciativa em pesquisa, em conhecimento compartilhado, em metodologias ativas, aulas invertidas etc. Nossos alunos têm demonstrado empenho e evolução, mas ainda há muito a aprender, acredito que se tivéssemos despertado antes para o ensino híbrido tudo seria mais fácil e natural.

Apesar de todo o contexto ruim, tive sorte com relação aos estudos, ingressei numa pós-graduação em Metodologias

Ativas, seis meses antes de tudo acontecer, e confesso que não imaginava que aplicaria meu aprendizado tão rapidamente; isso foi e está sendo positivo.

Desejo voltar logo às aulas presenciais para ensinar melhor, quero mostrar a meus alunos que eles podem aprender de diferentes formas e que estarei ao lado deles.

Agradeço a oportunidade e a confiança por compartilhar meus sentimentos e reflexões nesse período tão intenso de nossas vidas."

Maria Helena Mitson – professora de Português e mestranda na PUC-SP

"Já estou me sentindo Noé, construindo uma Arca para salvar as pessoas mais próximas que acreditasse em mim. Porque para salvar a humanidade seria missão impossível, como nos filmes de ficção. Só em pensar em convencer os brasileiros a:

- Ficarem em casa;
- Cancelarem o Carnaval 2020;
- Suspenderem as festas, barzinhos, danceteria;
- Suspenderem a presença de torcidas nas partidas de futebol;
- Proibi-los a fazerem turismo na Disney, Itália, França, Espanha...

Seria taxado de louco, como foi Noé.

Mas, antes de iniciar a construir a Arca, eu venderia todas as posições de risco do mercado financeiro, CORRENDO, que delícia! (risos)."

Ezio Conte – empresário e economista

"Na verdade, como eu comungo com a meditação, e esta nos mostra o quanto devemos focar no presente, ignorando o passado e esquecendo o futuro eu tento viver intensamente no PRESENTE, com minha ATENÇÃO e PRESENÇA plena, sem ansiedade, sem pensamentos sobre essa futura pandemia.

Assim sendo, essa notícia não gera, em mim, nenhum tipo de desconforto ou de apreensão pelo que ocorreria. Pensando melhor, talvez, se eu tivesse essa notícia com antecedência, eu tentaria adiantar a minha viagem à Holanda e à Alemanha, que por hora ficou adiada, apenas essa mudança eu faria em minha vida, nada mais...

Continuaria meditando, respirando, naturalmente sem nenhuma ansiedade ou preocupação de qualquer ordem.

Ficaria muita atenta aos meus sentimentos e emoções para que eles ficassem na harmonia e na sintonia da saúde plena.

E também me posicionaria em GRATIDÃO por esse vírus trazer boas reflexões à humanidade, que, sem guerra armada, teria alcançado bons resultados."

Maria Josefa Gutierrez Turi – pedagoga, empresária e terapeuta ayurvédica

"Certamente, a pandemia nos pegou de surpresa, porém, uma coisa que eu aprendi foi que existem coisas boas e coisas ruins e, o principal, você decide como viverá, seja de maneira boa, fazendo boas escolhas, ou do modo ruim, em que cada vez ficará mais triste e logo não verá mais felicidade nas boas coisas.

Mas, então, se me dissessem seis meses atrás que haveria uma pandemia com proporções como essa, eu até poderia preparar a mim e a minha família, porém, poderia ser tudo desnecessário ou insuficiente, porque não temos como saber o que o futuro nos traz. Assim, então, o melhor jeito de viver é aproveitar o presente, de maneira boa, fazendo boas escolhas."

Ian Conte Oliveira – estudante do 8º ano

"Se eu soubesse que iria ter uma pandemia, eu deixaria todos os POPs prontos, por segmento de mercado, todos os materiais EPIs em estoque, como também o fechamento total do País por apenas 30 dias, para encurtar esta propagação.

Por quê? A nossa felicidade será naturalmente proporcional em relação a felicidade que fizermos para os outros."

Helvio Luis Bravi – gerente

"Se soubesse da pandemia seis meses antes, faria outro planejamento do ano, pois saberia das incertezas futuras. Esse foi o ano escolhido para o meu casamento, estava tudo pronto, com muita antecedência, estava me preparando há um ano para este momento, mas fui pega de surpresa. Umas das coisas que teria feito se soubesse sobre a pandemia seria alterar a data do meu casamento. Com relação ao meu trabalho, tive o privilégio de estar preparada para as aulas remotas, pois participei de cursos de capacitação da Google, fornecidos pelo colégio onde trabalho, o que facilitou muito o preparo e transmissão das aulas, mas com certeza teria investido mais tempo na preparação antecipada. Não posso deixar de falar a respeito da minha fé, é o que me mantém firme e certa de que tudo tem um propósito e está sob controle. Creio na existência de Deus, que torna a minha visão diferente diante dos problemas e situações como essa, com certeza saber com antecedência dessa situação me colocaria de joelhos, seria o assunto que faria parte das minhas orações com mais frequência, como tem sido hoje, pedindo a intervenção de Deus, apesar de também crer que existe a permissão dele em tudo o que a humanidade vive. A nossa fé nos faz viver de forma diferente, nos faz olhar para as circunstâncias e ter esperança, nos alegra, nos anima, nos faz caminhar para frente, nos faz crer que, apesar da permissão do desastre, das mortes, da falência, da fome, existe um Deus que tem todo controle em suas mãos e isso aquieta a minha alma."

Erika Polinário – professora de Educação Infantil

"Se eu soubesse seis meses antes da pandemia, penso que:

1 – Cuidaria com mais empenho do corpo e da mente, tanto meus como os de minha família. Estaria, assim, aumentando a imunidade;

2 – Visitaria tias e primas queridas e distantes para abraçar com muito afeto e carinho;

3 – Abraçaria muito, demoradamente, netos, filhos, mãe, irmãos, noras, cunhadas, sobrinhos, amigos."

Inês Conte Pasqualini – professora

"Pandemia, quantos medos, quantas incertezas, quantas perguntas... E a sensação apocalíptica, que achávamos que estava distante, acabou chegando e batendo à nossa porta e nos pegou de surpresa. Mas o que eu poderia fazer se soubesse que tudo iria acontecer? Me prevenir, construindo um porão de isolamento, abastecendo-o, como nos filmes de guerra nuclear, e viver lá até que tudo terminasse? E se não terminasse?

Enfim, os questionamentos são infinitos e as ideias são inúmeras; desde o bravíssimo, enfrentando a batalha, ou o egoísmo de viver isolado.

A resposta pessoal para uma prévia de atitudes pré-pandêmica nem sempre é tão simples de responder.

Mas existe uma linha de pensamento que eu chamo de 'análise'. E, nesta linha, o imenso conteúdo vai desde estudar a história da humanidade até onde estamos – "O AGORA"; analisando e aprendendo com todos os maiores desastres, sejam naturais ou causados pelo homem, e como a humanidade sobreviveu.

Talvez, este seria um pensamento mais filosófico do que prático; pois sabemos que toda ação tem uma reação.

A prudência, entre tantas atitudes que, sendo a melhor solução para diversas reações, causada por nossas próprias ações, é o prévio medicamento, é a vacina que nos protege e nos fortalece contra os males que nos rodeiam...

Mas, referente à resposta direta, quanto à pergunta em questão, me vem os seguintes pensamentos:

- Visitar mais os entes queridos, mantendo uma relação mais estreita de amor e perdão, tanto aos mais próximos quanto aos mais distantes;

- Manter uma reserva de itens básicos para sobrevivência, sem causar acúmulos, reciclando-as, inclusive, na prática da caridade.

No demais, são consequências, tanto pessoais quanto coletivas; pois tudo é evolução."

Vlady Viana – esteticista

"Talvez, um dos maiores desejos do ser humano é saber o que futuro nos reserva, mesmo que esse futuro seja muito avassalador para a humanidade. O fato é que estes 180 dias de preparação poderiam ser suficientes para mudar a história que vivemos neste ano salvando vidas, empresas, países, ou seja, nosso planeta!

Com esse tempo e oportunidade de planejamento, com certeza já teria implantado o sistema híbrido de ensino, promoveria um sistema de revezamento na escola, tanto de alunos quanto de funcionários, a fim de evitar aglomerações. Aos funcionários com idade mais avançadas e do grupo de risco daríamos suporte para que seus trabalhos fossem realizados em casa, antes de o vírus se espalhar, para garantir a proteção de todos.

Outro passo importante seria no sentido da estruturação de caixa para se manter na crise, caso houvesse uma paralisação total, podendo manter o quadro de colaboradores ativos. Em seguida, criaria um caixa para investir em oportunidades que surgissem durante a crise, como, por exemplo, apostar em alguma tecnologia específica, investir nas baixas mercado financeiro etc."

Marcos Conte – administrador e empresário, pai de Alicia,
Marcos e Marcelo

A FÉ, A FORMAÇÃO INTEGRAL E A QUARENTENA

Nosso papel como educadores e como escola deixou de ser, há muito tempo, o de transmitir os conteúdos tradicionais. Nosso dever é muito mais amplo do que o de ensinar as fórmulas de Física, os motivos pelos quais a família real portuguesa veio para o Brasil, ou que a insulina é produzida nas ilhotas pancreáticas. Vivemos em uma época na qual a chamada formação integral, que normalmente se faz norteada por competências, é cada vez mais importante.

Pensemos em competências que é desejável que um indivíduo tenha para enfrentar, por exemplo, a pandemia do Covid-19. Se eu soubesse da pandemia seis meses atrás, talvez eu propusesse uma atividade em que fizéssemos previsões do que iria acontecer quando ela chegasse. Essa opção é norteada pela ideia de que, para o desenvolvimento de competências, não é suficiente expor o que o aluno deve fazer; deve-se proporcionar-lhe contextos nos quais ele tome consciência da necessidade de conhecimentos, procedimentos e atitudes.

Eu chegaria ao meu grupo de alunos propondo um exercício de imaginação e reflexão. "Vamos supor que dentro de seis meses estoure uma pandemia e que um novo tipo de vírus, que a ciência não conhece, comece a se disseminar globalmente. Um vírus que tem taxa de transmissão elevada; que, do total de infectados, 20% irão precisar de um leito hospitalar e 3% virão a óbito. Há, ainda, um conjunto de pessoas para as quais o vírus é mais letal, chamado grupo de risco, o qual inclui pessoas de 60 anos ou mais, mulheres grávidas e puérperas e pessoas com doenças pré-existentes, como asma, diabetes, hipertensão, doenças cardíacas e com histórico de AVC ou câncer."

Com esse contexto, ganhamos oportunidade de refletir sobre diversas questões. Por exemplo, se o grupo de risco é esse citado e a taxa de óbito é 3%, isso indica que nossos alunos provavelmente serão os menos afetados. Mas isso significa que eles podem se descuidar, porque provavelmente não lhes acontecerá nada? O descuido consigo mesmo tem consequências para outras pessoas, principalmente para aquelas que pertencem ao grupo de risco? A porcentagem de pessoas que virão a óbito – 3% – é relevante ou não? Sob qual ponto de vista se faz essa avaliação?

Com esses questionamentos, estimulamos diversas competências relacionadas à formação integral. Uma delas é a empatia, pois quando uma pessoa cuida de si para não ser infectada, ela está cuidando do outro, pois interrompe a transmissão. Esse fato tem influência mais direta e clara se ele próprio tiver em casa alguém do grupo de risco.

Outra competência da formação integral é a de nortear suas atitudes e decisões em função de princípios democráticos. Ao discutir se 3% da população devem ser considerados e ter sua vida poupada, estamos discutindo a importância do cuidado com o outro, independentemente de quem seja, e desse modo se está abordando uma das premissas da vida em democracia: reitera-se assim que a democracia não é o regime em que o direito das minorias de viver dignamente são desprezados.

Dentro desse contexto, outra discussão que pode ser levantada é a dos tratamentos que deverão ser criados e como podemos saber se podemos confiar neles. Isso tem a ver com outra competência, que é a do pensamento crítico, no caso associado à área de ciências da natureza. Esse tema também nos dá a oportunidade de refletir sobre outro ponto importante, que é o negacionismo científico. Podemos mostrar aos alunos as possíveis consequências de nortear decisões em função de opiniões e não de fatos, de senso comum em vez de conclusões científicas.

Por fim, a todos que estão lendo esse texto, faço uma provocação e um pedido. Lembremos que comecei esse texto afirmando que teria proposto essas atividades se soubesse da pandemia seis meses antes de ela começar, a fim de preparar os alunos para esse desafio. Hoje, na data da escrita desse texto, já estamos há cinco meses em quarentena. Aí vem a provocação: será que é tarde demais para colocá-las em prática? Provavelmente, quando você estiver lendo esse questionamento será mais tarde ainda, mas talvez caiba o mesmo questionamento.

Quanto ao pedido, nesse contexto de pandemia que vivemos, peço a todos que, apesar da confiança crítica na ciência, pela qual advogo incessantemente, não deixemos de ter fé, precisamente fé nas pessoas. A fé que potencializa os estudo científicos, que nos faz buscar novas aprendizagens, que nos motiva a ensinar melhor a cada dia, que norteia nossas ações. Sem fé na vida e no outro, nada disso tem sentido.

Termino com as palavras de Paulo Freire (2018) sobre fé e uma ação fundante, que é o diálogo:

> "A fé nos homens é um dado a priori do diálogo. Por isso, existe antes mesmo que ele se instale. O homem dialógico tem fé nos homens antes de encontrar-se frente a frente com eles. Esta, contudo, não é uma ingênua fé. O homem dialógico, que é crítico, sabe que, se o poder de fazer, de criar, de transformar, é um poder dos homens, sabe também que podem eles, em situação concreta, alienados, ter este poder prejudicado. Esta possibilidade, porém, em algum lugar de matar no homem dialógico a sua fé nos homens, aparece a ele, pelo contrário, como um desafio ao qual tem que responder. Está convencido de que este poder de fazer e transformar, mesmo em situações concretas, tende a renascer. Sem a fé nos homens o diálogo é uma farsa. Transforma-se, na melhor das hipóteses, em manipulação adocicadamente paternalista".

Harley Sato – professor de Física, autor do material Anglo Sistema de Ensino. É doutorando e mestre em formação de professores pela Pontifícia Universidade Católica de São Paulo (PUC-SP). É bacharel e licenciado em Física pela mesma instituição.

"Se eu soubesse da pandemia seis meses antes, ficaria extremamente angustiada, ansiosa e nervosa. Saber antes não é uma vantagem ou um benefício, no meu caso seria um martírio, pois tentaria avisar as pessoas e prepará-las para não se privarem de necessidades básicas. Mas, infelizmente, nem todas as pessoas conseguem ou fazem um planejamento a curto prazo e muitas dessas não possui fé ou alicerce seguro para sempre seguir em frente. Com os ensinamentos que sempre tive e com minha fé, tive algumas certezas em minha vida, como a de que estamos aqui para evoluir, pois nem tudo depende somente de nós, precisamos das pessoas e as pessoas precisam de nós; o que é simples hoje é valioso. Um simples abraço se tornou raro; aliás, hoje abraçamos somente aqueles que realmente sentimos segurança e amor, hoje os abraços têm mais sentido. O dinheiro é bom e necessário, mas se torna favorável se usar com sabedoria e caridade. A pandemia é uma questão global em que todos estão focados nessa questão, mas se avaliarmos em nossas vidas particulares já passamos por momentos e dificuldades maiores, na saúde, nas finanças, problemas familiares, moradia etc. Sofremos e lutamos por nossas particularidades muitas vezes calados. Na pandemia, sofremos e lutamos em coletivo, um apoiando ao outro e esperando o cuidado de todos; saímos do nosso mundo e da zona de conforto e começamos a olhar por um outro prisma. Mas se eu soubesse da pandemia seis meses antes não faria nada tão diferente do que fiz, talvez apenas ressaltar a importância de um planejamento financeiro, o cuidado com a saúde, principalmente dos sábios que são os idosos e a importância da família e a fé."

Priscilla Kavamura – gerente administrativa

"A pandemia nos deixou sem chão, pois ela não é apenas uma crise de saúde pública, mas afetou a nossa vida social, nos distanciou, trouxe ansiedade, pois não sabemos se haverá uma vacina, se pode ocorrer outra pandemia antes desta se encerrar; não há remédio, apenas o isolamento social. Acho que este triste marco histórico ficará marcado para sempre. Pelos motivos citados, eu não gostaria de saber, até porque a incredulidade do ser humano me impediria de agir e, portanto, não teria muito o que fazer, seria apenas angústia e sofrimento antecipado."

Adriana Quintal – professora de Português

"Já conhecendo a minha ansiedade, provavelmente eu sairia contando para o maior número de pessoas possíveis, para que todos se prevenissem, mas com certeza a maior parte das pessoas iria dizer que eu estava ficando doida e não iriam acreditar. Eu iria chorar muito e querer trazer minha família para perto de mim (hoje eu moro em São Paulo e minha mãe e irmãos estão em Pernambuco). Iria dar muitos abraços e "cheiros", como costumamos dizer na minha terra natal e diria para todos com quem convivo como os amo e eles são muito importantes na minha vida. Iria rezar mais e pedir proteção a Deus para toda a humanidade. Teria que me cuidar muito para não deixar que a tristeza tomasse conta do meu coração. É muito difícil pensar na possibilidade de saber antes dessa pandemia, porque saber sobre o futuro nem sempre é bom e eu acho que a falta de crença e de fé das pessoas iria me entristecer. Acho que pensar ou programar o futuro é como brincar de "Deus", não podemos mudar o futuro e, portanto, com certeza saber de algo de tamanha grandeza me causaria mais dor do que a alegria de pensar em prevenção.

Mesmo que fosse uma hipótese eu continuaria como sempre, de cabeça erguida e tentando sempre fazer o melhor. "Se não posso mudar o passado, posso fazer do meu presente, momentos bons todos os dias."

Naiara Almeida Ferreira – atendente

"Como sou uma pessoa teimosa e um pouco cética, eu não acreditaria e iria "pagar" para ver, pois não pensaria que uma pandemia pudesse parar o mundo. Como escreveu Raul Seixas na música "O dia em que a Terra parou", pode ser que ele tenha vislumbrado este momento, porque foi muito parecido, nós tivemos que nos isolar. Apesar de cético, ainda me lembro do primeiro dia da pandemia, logo ao acordar eu percebi o silêncio, abri a janela do apartamento e me deparei com uma situação inusitada: ruas vazias, sem carros e um silêncio que me fez pensar em muitas coisas ao mesmo tempo. Lá fora, o silêncio; na minha mente, o barulho de tantas vozes se perguntando o que estava acontecendo.

Tenho certeza de que não acreditaria e não mudaria nada, mas após o fato se concretizar, confesso que passei a refletir mais e me aproximei ainda mais das pessoas que gosto, descobri o prazer do meu trabalho e entendi que a nossa casa é o melhor lugar do mundo. É muito bom sair, quando temos para onde voltar. Eu ainda penso que posso ser melhor para mim e para o próximo, mas já estou fazendo a minha parte, tentando tocar o coração das pessoas com práticas do bem. Com certeza se eu soubesse antes e não fizesse nada, eu teria me arrependido muito e estaria mais triste e pensativo do que estou hoje, passando por tudo isso, a única coisa que me alegra é que não me sinto só, pois, mesmo distantes, nós nos comunicamos com as pessoas através das redes sociais. Agora imaginem passar por tudo isso sem a tecnologia, como seria o isolamento social e as aulas? Acho que seria impossível."

Audeni Souza Oliveira – autônomo

Na verdade, houve alerta sobre a pandemia. Meses antes da primeira pessoa infectada no Brasil, a OMS já debatia o assunto, mas demorou para decretar que se tratava de uma pandemia, a da Covid-19. Eu não sabia. Ainda. Mas, se eu soubesse dela como sabemos hoje, talvez pudesse ser diferente. Mas, o que eu poderia ter feito de melhor do que fiz até agora? Certamente saber mais sobre a doença, pesquisar e estudar mais; conhecer o inimigo é a primeira coisa a ser fazer. Algumas outras coisas, como sair mais com meus filhos, meu marido, minha família. Estamos juntos, mas parece que não é a mesma coisa que bater pernas por aí, sem rumo, passear, pegar uma praia.

Não sei se seria mesmo necessário abastecer a casa, como muita gente fez. Na verdade, eu fiz um pouco disso. Hoje sabemos que o desespero de muita gente de nada adiantou. A Covid-19 veio. Muitos se foram por causa dela. Não queremos mais isso.

Pediria a Deus – com mais veemência – que cuidasse de minha família e de meus amigos. Que nos abrigasse de conhecimento e calma para que pudéssemos lidar melhor com as pragas que nos afligem."

Andrea Cristina da Silva – coordenadora pedagógica

"Refletir sobre o que teria sido diferente se fosse possível antever a pandemia causada pelo novo coronavírus é uma questão que nos leva por uma série de caminhos, desde situações práticas às mais filosóficas. Não poderia deixar de pensar no universo educacional: em meados de setembro de 2019, tendo essa informação em mãos, eu teria feito até março de 2020 o que fiz nos dois ou três primeiros meses da chegada da pandemia. Mas tudo teria sido feito com um tempo maior de planejamento – com as óbvias vantagens que essa hipótese mágica traria.

No entanto, acredito que a principal reflexão é a que diz respeito à nossa própria vida, a vida em que vivemos. Ainda que pudesse pairar a incerteza de ser atingido pela doença, já seria possível experimentar desde aqueles dias com maior intensidade a fragilidade, por estar mais em mente a finitude do ser humano. Seria mais presente a busca por viver o presente de forma mais intensa, como propõe a canção "Epitáfio" (Titãs). Seria possível valorizar um pouco mais a própria "potência de agir" (Baruch Espinoza), indo ao encontro de mais alegria e, consequentemente, mais amor.

Quem sabe essa lição deixe uma meta: pensar sempre no que podemos melhorar hoje, sabendo o quanto é sempre incerto o que teremos daqui a seis meses?"

Prof. Paulo Roberto Moraes – diretor do Sistema Anglo de Ensino

"Bom, com certeza eu teria tentado me preparar emocionalmente, a mim e aos que estão ao meu redor. Buscaria estratégias para lidar com a ansiedade e o sentimento de impotência diante de algo misterioso e mundialmente desastroso.

No trabalho, apesar de já dominar algumas ferramentas on-line, teria intensificado as pesquisas e a ação com toda a equipe e com as famílias. Teria promovido oficinas de formação para os pais que, apesar de serem pais, são pouco íntimos das rotinas e necessidades das crianças, com o foco de que é possível termos coisas boas, como, por exemplo, o contato e a convivência com os que amamos."

Cristina Martin – coordenadora pedagógica

"Sou professor de História no Colégio Renovação, antes disso fui também aluno. Quando indagado sobre o que eu faria seis meses antes da pandemia, caio numa reflexão que só é possível agora, seis meses depois. Mesmo com a pandemia, com início em março de 2020 no Brasil, eu não era capaz de enxergar sua real dimensão, tampouco de mensurar suas consequências no cotidiano para além do imenso número de casos e mortes. Se por acaso me ocorresse a luz seis meses antes, como a ninguém ocorreu, de que o ano de 2020 seria de clausura e medo, em primeiro lugar teria aproveitado melhor os espaços abertos. Nós, pessoas urbanas, já muito afastados da natureza e das árvores, ficamos em ambientes cada vez mais artificializados, nos locomovendo pouquíssimo dentro de nossas casas e passando a maior parte do dia por trás de telas que são ao mesmo tempo trabalho, entretenimento e socialização. Teria visitado mais os parques, procurado espaços abertos para aproveitar, atividades de trilha e contemplação da natureza. Fiz alguma coisa disso porque me agrada, mas se tivesse previsto a calamidade que se abateu, teria feito muito mais. Além disso, teria repensado meu consumo. Quantos produtos comprados e cobiçados não se fizeram inúteis neste ano? Roupas que não saem dos armários, mobília que nunca vê visitas, ou mesmo no primeiro mês do ano entrei numa loja e me deparei com um passador de slides que há muito sonho em possuir o meu próprio. Por sorte, como que por intuição não o comprei, porque agora não tenho slides para passar aos meus alunos além daqueles que abro na tela do meu próprio computador, sentado, e passo com o clique do meu mouse sem precisar mais me locomover enquanto falo e gesticulo.

Agora, há um ponto relevante do qual não precisaria voltar atrás, mas que seria igualmente importante citar. Tampouco o ano caminhou, sentimos falta das relações sociais verdadeiras e completas, o olhar nos olhos, a percepção imediata das reações, a conversa que ocorre entre duas pessoas quando ninguém está falando, tudo isso infelizmente se tornou escasso, exceto para aqueles que vivem conosco em casa, ou para conversas rápidas, distantes e cobertas por máscaras. Não voltaria atrás porque já aproveitei muito isso com os que me cercavam antes da pandemia, com os alunos principalmente, com quem não me arrependo de criar aulas em que eles participem e possam se expressar. Hoje ainda participam, por trás das mesmas telas, mas nem sempre os vejo, ou nem sempre surge o impulso que espontaneamente surgia dentro do grupo em contar alguma coisa ou fazer profundos questionamentos filosóficos. Este é meu último ponto; aliás, se eu soubesse da pandemia seis meses antes, teria preparado meus alunos. Eu já os preparava, mas para o imprevisível, acho que muito dali cabe para a pandemia, mas poderia caber muito mais. É tarefa do professor também preparar o alunos para os desafios da pós-modernidade, mais vale para passar por este ano e por quanto mais dure esta pandemia conhecer-se, autocuidar-se, ser empático com os que precisam, assim como para fazer o isolamento, achar saídas criativas, ter pensamento crítico em meio a tantas informações e outras várias das que chamávamos "habilidades para o século XXI". Talvez por alguns momentos tivéssemos esquecido que o século XXI já havia começado e que essas habilidades seriam cobradas, e foram. Nossa escola já se preocupa com a educação socioemocional desde suas raízes, temos sistemas estruturados para a aprendizagem das *soft skills*, e tenho certeza de que em cada casa isso fez toda a diferença. Mas, agora não penso apenas nos nossos alunos, mas no País como um todo, a ausência desta educação inovadora nos traz os agravamentos da pandemia como o negacionismo, o desespero total, a falta de consciência entre muitos outros males que, diferentes da doença, poderiam ter sido."

Diego Franco – professor de História

"Eu estaria mais próxima das pessoas que amo. Visitaria amigos, que, por conta da correria do dia a dia, sempre deixamos para um outro dia. Conversaria muito de mãos dadas, valorizaria ainda mais o abraço e a possibilidade de olhar nos olhos. Passaria mais tempo ao ar livre, aproveitando cada segundo da sensação deliciosa que é ter o sol aquecendo o rosto.

Alertaria o maior número de pessoas sobre a importância dos cuidados com o outro e consigo mesmo, pois a vida é um sopro."

Paula Lotto – coordenadora / Ensino Médio

"Eu faria muitas coisas diferentes, principalmente relacionada com a higiene, usaria máscara, álcool gel sempre e estaria ainda mais próxima da minha família. Gostaria também de conversar com algumas pessoas, mas acho que não iriam entender. Eu não tenho medo de morrer, mas esta doença que nos separou e fez tanto alarde por aí, com certeza me assustou e muito. É difícil imaginar tudo isso antes, porque até hoje eu penso que estou sonhando e vou acordar e tudo estará bem e vou poder passear novamente. Eu sempre acreditei, mas nunca fiquei muito encucada com nada disto, porque acho que o pensamento pode atrair coisas ruins."

Eliete Sousa Oliveira – autônoma

"Vivemos um momento muito atípico e jamais esperado". Sairemos desse cenário e dessa grande experiência ainda mais fortalecidos e preparados! Mas, se eu soubesse da pandemia com antecedência, eu, certamente, me planejaria para alguns pontos da vida e do dia a dia. Primeiramente, junto da minha família, cuidaria do emocional. Trabalharia o lado psicológico de todos, o que ajudaria nos dias mais difíceis. Avalio que seria importante aprender a lidar com as dificuldades impostas pelo isolamento social, sem desespero, mantendo a fé de que tudo acabará bem, algo que é muito presente na minha vida. Além disso, se eu soubesse antes desta pandemia, certamente teria segurado algumas decisões e investimentos.

Outro ponto que, parando para analisar só agora, em meio à pandemia, que eu teria feito de maneira diferente tem relação com o uso do tempo. Passamos meses de incertezas, vivendo uma pandemia mês a mês, especialmente no começo, em que não se via a luz no fim do túnel. Parecia que estávamos amarrados, de mãos atadas, esperando o momento certo da vida voltar ao normal. Se eu soubesse da pandemia antes e do isolamento que se faria necessário, eu reuniria família e amigos queridos para vivermos esse momento de confinamento juntos para que, dessa forma, pudéssemos aproveitar melhor o tempo que nos obrigou a desacelerar, parar. Neste sentido, ficou ainda mais nítido o fato de que não temos controle da vida. Este é o momento para refletirmos e nos adaptarmos às mudanças impostas pela vida. Aqui entra a "resiliência" e como é bom ver que de um modo geral o ser humano se adapta às condições e mudanças que a vida nos traz!

Acompanhando de perto o processo de educação remota com a minha filha de 11 anos, quero ressaltar o quanto as crianças, principalmente, amadureceram e ganharam mais autonomia quando precisaram, num piscar de olhos, se adaptar e vivenciar uma nova maneira de estudar e aprender. Fizeram tudo isso juntos, com o apoio essencial do time de professores e educadores da escola, que não mediram esforços para manter o aprendizado eficiente, mesmo através da tela do computador. Qual pai ou mãe imaginou ver os filhos, principalmente da educação infantil e do ensino fundamental, terem aula a distância? A educação, no pós-pandemia, nunca mais será a mesma. Ela será ainda mais inovadora e tecnológica."

Fabiana Scaramella – jornalista e assessora de Imprensa, mãe do Eduardo e da Fernanda

"Pensando bem, acho que faria muitas coisas antes de tudo isso... Aproveitaria para abraçar mais as pessoas que amo? Viajaria mais ao lado dos meus pais e da minha amada? Talvez O futuro para nós acaba sendo uma incerteza e eu penso que poderia fazer mais caso soubesse o que poderia acontecer amanhã.

Se eu realmente soubesse que iria acontecer isso eu teria passado mais tempo ao lado dos meus pais, que no caso hoje eu não moro mais junto com eles e raramente os vejo, ao lado do meu irmão e da minha avó. Uma família bem unida, mas que hoje a gente quase não se vê devido à pandemia e também por eu pensar em não transmitir nenhuma doença para eles. Pensando por esse lado, teria abraçado mais as pessoas necessitadas quando íamos à Casa de David, iria comer todos os churrascos de rua possíveis e imagináveis. É, essa parte do churrasco até dá para fazer hoje em dia, mas, é melhor não.

Viajar? É claro que iria! Teria ido para Praia Grande? Santos? São Vicente? Iria em todas para aproveitar o que hoje não posso tocar devido a impossibilidade.

É, pelo jeito faria muita coisa que tenho armazenado em mente, mas, quando tudo isso passar a gente pode realizar isso tudo ao lado de quem tanto amamos e, vendo por esse lado, iremos aproveitar muito mais as pessoas que estão do nosso lado.

Por isso, penso que às vezes é até bom não conhecermos o futuro. Deixe que nos surpreenda!"

"O ontem é história, o amanhã um mistério, mas hoje é uma dádiva, por isso chama-se presente". (Mestre Oogway)

Matheus Gomes Farias – analista de TI

"Acho que iria ficar mais atenta para as questões de higiene, usaria máscara, álcool em gel com mais frequência, iria tomar cuidado com as roupas ao chegar da rua e alertar a todos que pudesse. Na vida pessoal eu gostaria de ficar mais com meus filhos e dizer como os amo. Não é fácil pensar nisso, pois está sendo muito difícil passar por este isolamento social. Acho que não vou esquecer jamais o que vivi nesse ano. Agora eu só desejo que acabe logo e que possamos ser pessoas melhores, espero que o Covid-19 tenha vindo para agregar e não separar ainda mais as pessoas."

Márcio – professor de Geografia

"Em tempos de dor, medo e incerteza, é natural que todos tenham esperança de encontrar um caminho que traga conforto, confiança e a busca pela paz. Este caminho é único... DEUS.

O isolamento é um período de espera e esperança. Neste período de recolhimento forçado, eu teria orado mais, a oração é um poderoso remédio espiritual. Eu teria falado mais da Bíblia para as pessoas, pois ela nos mostra pelo menos cinco princípios que podiam ter ajudado a passar esses momentos de forma mais pacífica. Seria possível superar essa pandemia com mais sabedoria. Vivemos sempre apressados. Tudo tem de ser de imediato. Na vida diária, nossas reações são mais importantes do que as ações. Eu queria ter parado para ouvir o meu silêncio. Aprender a lidar com a dor diante das emergências, lidar com o medo, com a insegurança. Estar preparada financeiramente (com reservas). Poucas pessoas economizam dinheiro. Não importa o valor que guardará por mês, mas economize! O pouco do dinheiro que economizei atendeu algumas necessidades. Se eu tivesse mais reservas financeiras, estaria mais preparada e daria mais atenção aos recursos, seria diferente.

Eu não precisava ter esperado seis meses para uma oportunidade de reconquistar a intimidade e a confiança em Deus. Foi a fé que transformou minhas expectativas em esperança. Sempre pensamos que teríamos tempo para fazer tudo e até reclamamos que não teríamos tempo para fazer nada. Todas as nossas vidas podem ser mudadas em um segundo. Eu tiraria um tempo para aproveitar cada segundo.

Dar mais importância a pequenas coisas, como, por exemplo, tomar um sorvete no banco da praça, observar mais a natureza, o céu... Diria a minha filha, ao meu esposo, a minha mãe, a família, amigos, muito mais o quanto os amo, como eles são importantes na minha vida. Descobri que minha casa é o melhor lugar do mundo. A vida é muito preciosa para passar despercebida. Temos que agradecer por tudo mais vezes ao dia. A espera imposta pelo isolamento é um fato. A esperança que a oração traz é a fé."

Danielle Franco Vieira – recepcionista

"Se eu soubesse da pandemia seis meses antes, teria montado um curso de formação docente específico para lidar com esse momento. Não apenas nas questões tecnológicas, mas, sobretudo, nos desafios emocionais pelos quais passam os alunos e suas famílias. No decorrer do período de fechamento das escolas e da migração para as aulas digitais, os professores se reinventaram e, por meio de tentativas e erros, se adaptaram de maneira brilhante aos desafios impostos, mas se fosse possível ter antecipado esse movimento, auxiliar profundamente os professores nesse desafio teria sido maravilhoso."

Mario Ghio – presidente da Somos Educação

"Com certeza teria tomado algumas medidas adicionais de prevenção de higiene e também medidas de distanciamento inteligente. Talvez me planejado e oferecido bem antes as aulas on-line. Sinceramente seria difícil acreditar nas consequências que estamos vivendo: mortes, economia desabando, pessoal emocionalmente desequilibrado etc.

Mesmo com a pandemia, minha relação e contato com minha família continuou igual, continuamos nos vendo, o que me ajudou muito. Foi uma decisão de todos nós, que com certeza amenizou muito a carga desta pandemia, e me fez acreditar ainda mais que o valor das coisas está justamente na simplicidade, em nos reunir para um café da manhã, um almoço, um jantar ou simplesmente ficarmos juntos."

Dione Cristina Paoli – personal trainer

"Certamente, muitas coisas em minha vida seriam diferentes. No âmbito profissional, eu teria me dedicado ao planejamento de um novo projeto de vida, no qual estou inserida agora em função da pandemia, de atuar com crianças e adultos por meio da educação a distância. Já na parte pessoal, minha preocupação seria cuidar da minha saúde e bem-estar, preparando o corpo e a mente para atravessar esse período com equilíbrio, foco e tranquilidade. Além disso, é claro, o mais importante: CONTATO. Abraços e mais abraços em meus familiares e pessoas queridas, pois, no fundo, é o que todo mundo está sentindo mais falta."

Marlene Macari Crossa – professora

"Valorizaria os pequenos detalhes da vida, as inter-relações sociais em geral que eram frequentes e que não dávamos o devido valor; um simples abraço ao se encontrar hoje faz falta. Nós acabamos automatizando nossas ações e não nos demos conta de que a vida é um sopro, nós temos que aproveitar cada segundo e viver a vida de uma maneira mais leve. Com certeza a vida pós pandemia não será como antes e nós precisamos sair desse momento melhores."

Simone Castrignano Villas Boas – fotógrafa

Sobre a autora

Eu fui uma criança criada com muita rigidez e presa. Minha diversão preferida sempre foi brincar de escolinha, porque gostava muito de crianças. Estudei em colégio religioso e fiz o curso normal (antigo magistério), onde tive a oportunidade de trabalhar com as irmãs no Colégio São José, fase que me traz boas lembranças; sempre agradeço pela oportunidade.

Graduei-me em Psicologia e, quando concluí o curso, fiz estágio em Neurologia, pois gostava muito dessa área. Naquele tempo, fui convidada para trabalhar na Clínica da psicóloga Marivandra (São Bernardo), onde éramos cinco profissionais, e, como fiz pós-graduação em Psicopedagogia, trabalhava com crianças que tinham paralisia cerebral, função da qual me identificava muito. O trabalho era dividido com uma fonoaudióloga, com uma psicóloga que fazia a parte de testagem, uma ludoterapeuta e com o médico Dr. Jovair, e eu trabalhava com a psicomotricidade neurológica; fiquei mais de dez anos nessa clínica. Nesse período, fiz Psicopedagogia, uma complementação pedagógica, bem como fazia muitos cursos dentro dessa área.

No Colégio Renovação, sempre tive um olhar diferenciado para crianças e adolescentes. Fiz mestrado em Educação e Currículo, mas sempre me preocupei com as falhas na aprendizagem dos alunos; por isso, decidi fazer o doutorado em Neurociências (sou doutoranda nessa área). Sempre me encantou a área de formação dos professores e crianças, assim como trabalhar com as famílias e praticar boas ações. Publiquei dois livros: *Re-novações,* que trata da renovação da educação nos tempos modernos, e o livro *Bastidores de uma escola*, para contar o que acontece por trás dos muros de uma escola, pois as pessoas não imaginam quantos desafios enfrentamos. Apesar de receber todos muito bem, as pessoas com problemas nos desacatam e necessitam da nossa orientação. Quando iniciei este terceiro livro, comecei com a publicação dos meus textos na área da Educação e da autoajuda, pois atendo as famílias e percebo as dificuldades que elas têm para educar os filhos e até mesmo para se entender emocionalmente. No entanto, com a pandemia e o isolamento social, tive de repensar o conteúdo devido ao novo contexto.

Não poderia imaginar o que viria em 2020, que uma pandemia decretada em março no País e a suspensão das aulas nos obrigaria a providenciar outros nortes para a Educação. Em tantos anos trabalhando com o Colégio, que já completou 36 anos, eu imaginei que a pior crise que passamos foi a do período do governo Collor, onde ficamos sem dinheiro até para pagar os funcionários. Mas o pior estava por vir. Com a Covid-19 muitas pessoas adoeceram, muitas morreram, fechamos as escolas, mexeu com a vida das pessoas, com o emocional, assim muitos pais perderem seus empregos, alguns entraram em depressão e desestruturou até as famílias. As crianças também adoeceram, muitas ficaram obesas dentro de casa, o isolamento social mexeu muito com todos. A pandemia de 2020 marcará a história, porque foi necessário que nos reinventássemos. Ficamos dentro de casa e o tempo que não tínhamos de repente já era tempo demais, pois a ociosidade nos fez repensar nossa vida. Minha vida também foi afetada; como sou do grupo de risco por causa da idade, sofri muito com este isolamento, mas as crianças e adolescentes foram os que mais sofreram, estão em casa, fora da escola, do seu grupo social e com aulas on-line. Neste livro, desejo que as pessoas possam se rever *como pessoas*, pensar mais no próximo, deixar a maldade que trazem no coração, viver o presente.

Para cada pessoa, a pandemia foi vista de maneira diferente, cada um sentiu de acordo com o seu modo de vida. Apesar da ansiedade que estamos pelo retorno das aulas, só podemos retomar garantindo a segurança de toda a comunidade escolar. Acredito que o setor que mais sofreu foi a escola, pois os pais tiveram que ficar com os filhos em casa, se tornarem professores, procuram a equipe do departamento financeiro da escola, por não saber mais o que fazer.

Além disso, ainda temos os céticos, que não acreditam na pandemia, na contaminação, não sabem e não querem usar máscaras, fazer a higiene adequada. Acredito na resiliência daqui para frente, que todos tenham equilíbrio e pensamentos positivos. Eu quero viver o presente, fazer o melhor para meu próximo, para as crianças e idosos. Aproveitar os momentos, sem grandes expectativas para o futuro – são muitos os pensamentos que vêm em nossa mente.

Portanto, acredito que este livro ajudará as pessoas a reverem seu modo de vida, refletirem sobre suas necessidades e entenderem que este período é para nos fortalecer e trazer mudanças positivas. Nesta obra, apresentamos um pouco do que as pessoas pensam, mas desejo que todos aprendam a viver em paz consigo mesmo. Talvez este seja a grande lição deste momento, que a paz seja a prioridade e que o presente, que tenha importância. Não podemos viver no passado, mas aprender com ele, não podemos viver no futuro, porque ele ainda não chegou, então vamos viver hoje, buscando sempre o equilíbrio, o amor fraterno e encontrando paz para nós e para o outro.

facebook/novoseculoeditora
@novoseculoeditora
@NovoSeculo
novo século éditora

FONTES: **IBM Plex Sans** e IBM Plex Serif

gruponovoseculo.com.br